1

2

3

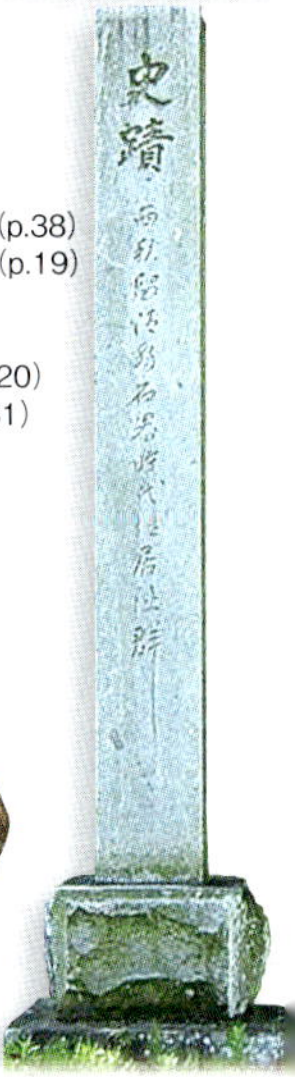

7

1　天寧寺山門（p.14）
2　大悲願寺観音堂の地獄極楽絵彩色彫刻（p.38）
3　寺改戸遺跡出土の注口土器と鉢形土器（p.19）
4　嘉慶の大板碑（p.17）
5　五輪地蔵（p.39）
6　喜代沢遺跡出土の耳飾を付けた土偶（p.20）
7　西秋留清水石器時代住居跡の標柱（p.31）
8　青梅の森（p.16）
9　横沢入里山保全地域（p.40）
10　瀬戸岡７号墳の石室（p.28）

4

5

6

8

9

10

11

12

13

14

15

16

17

18

19

11　絹の道（p.78）
12　滝山城の本丸跡（p.51）
13　久保ヶ谷戸横穴墓のレプリカ（p.80）
14　宮田遺跡出土の子抱き土偶（p.55）
15　楢原遺跡出土の土偶土鈴（p.56）
16　八王子城中曲輪の八王子神社（p.63）
17　北大谷古墳（p.49）
18　復元された八王子城御主殿の冠木門（p.66）
19　八王子城跡出土のベネチア産のレースガラス器、中国製の五彩皿、瑠璃釉碗（p.64）

20

21

22

23

24

25

26

20　旧富澤家住宅（p.101）
21　神明上遺跡の奈良時代復元住居（p.89）
22　稲荷塚古墳（p.94）
23　念仏供養板碑拓本（p.104）
24　多摩よこやまの道「さきもりまつり」（p.106）
25　小山田１号遺跡（p.125）
26　長池里山クラブが手入れする水田（p.127）

27

28

29

30

31

33

32

27 岡上丸山遺跡の遺跡広場 (p.132)
28 西谷戸横穴墓群 (p.135)
29 影向寺薬師堂 (p.149)
30 西福寺古墳出土の鶏の埴輪 (p.151)
31 寺家ふるさと村の景観 (p.138)
32 沢山城跡の景観 (p.133)
33 稲荷前古墳群 16 号墳 (p.165)
34 大塚・歳勝土遺跡公園 (p.160)
35 朝光寺原1号墳出土の鉄製甲冑 (p.169)

34

35

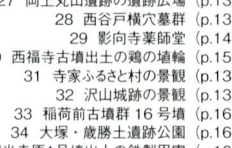

多摩の歴史遺産を歩く

遺跡・古墳・城跡探訪

十菱駿武 著

新泉社

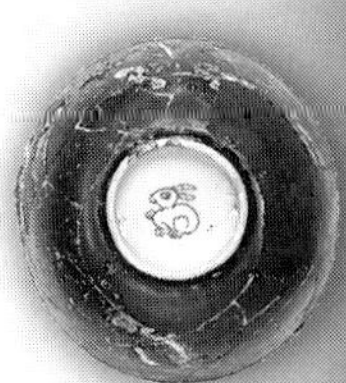

はじめに

「赤駒を山野に放し捕りかにて多摩の横山徒歩ゆか遣らむ」（万葉集防人歌）
　緑なす多摩の山並みを背景に、西国の防人に行く夫、赤毛の馬を放ってしまい歩いて長い旅に出る夫を気づかう妻の心……。多摩丘陵を舞台にした、古代の人びとの生活感と夫婦愛を切々と歌っています。

　水と緑と食料資源に恵まれた多摩丘陵は、約三万年前からずっと先祖の生活の舞台でした。そこには後期旧石器時代から縄文時代・弥生時代・古墳時代・古代・中世・近世・近代と連なる遺跡が約四〇〇〇カ所あり、それぞれに個性的な歴史の姿を伝えていました。

　しかし、こうした遺跡も一九六〇年代以降のニュータウン開発や高速道建設などで消滅の危機に直面しました。残念ながら多くの遺跡がなくなってしまいましたが、住民と行政、研究者の努力によって保存されてきた歴史遺産も数多くあります。また、都市化が進む地域の中のたいせつな自然環境として保全されている里山もあります。

　本書では、東京都旧西多摩郡、旧南多摩郡の多摩地域と、神奈川県の旧橘樹郡・旧都筑郡を多摩地域・多摩丘陵としてくくり、現存する遺跡や歴史遺産・博物館・里山を歩く一二コースを設定しました。多摩丘陵は武蔵野にくらべて高低差もあり、遺跡ウォーキングのコースは長く、一日約一〇キロくらいになっていますが、長いコースは二回に分けたり、体力にあわせてバス等を使っていただき、地域発見の小さな旅を楽しんでください。

多摩の歴史遺産を歩く　目次

章扉地図の凡例

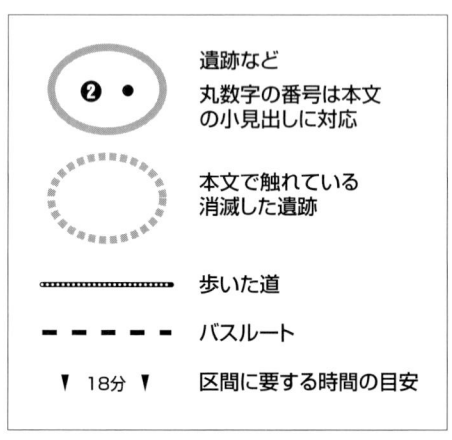

❷ •	遺跡など 丸数字の番号は本文の小見出しに対応
	本文で触れている消滅した遺跡
	歩いた道
	バスルート
▼ 18分 ▼	区間に要する時間の目安

＊地図の複製、写真・図版の引用・借用先は巻末にまとめて掲載しました。

多摩の歴史遺産を歩く

遺跡・古墳・城跡探訪

❶ 青梅の歴史遺産を歩く

青梅市の永山丘陵から長淵郷の縄文・平安の集落、室町時代の城、江戸時代の寺院を歩くコース。多摩川上流の原始・古代人の歩みを探訪し、青梅街道の歴史景観を楽しみます。

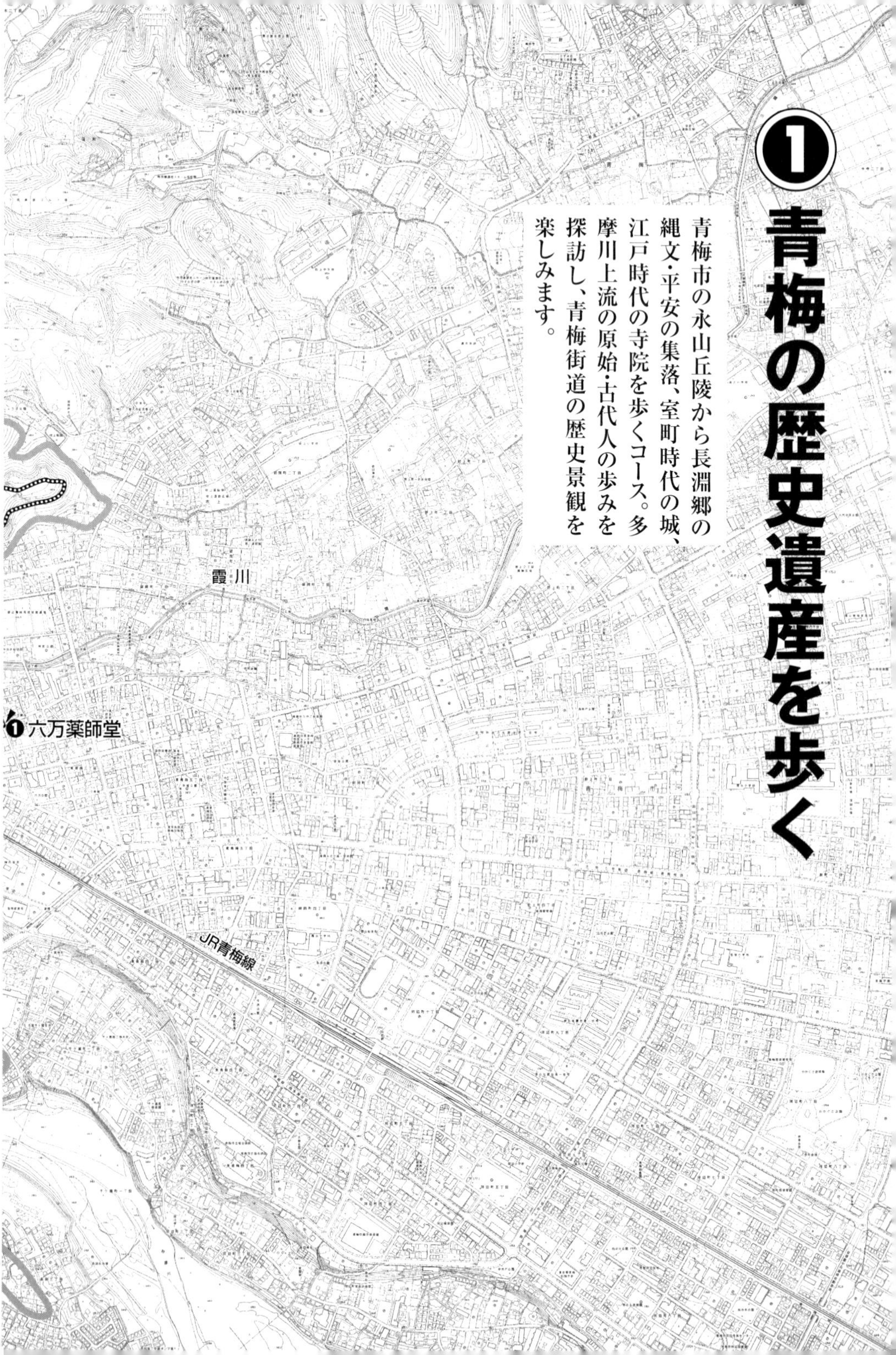

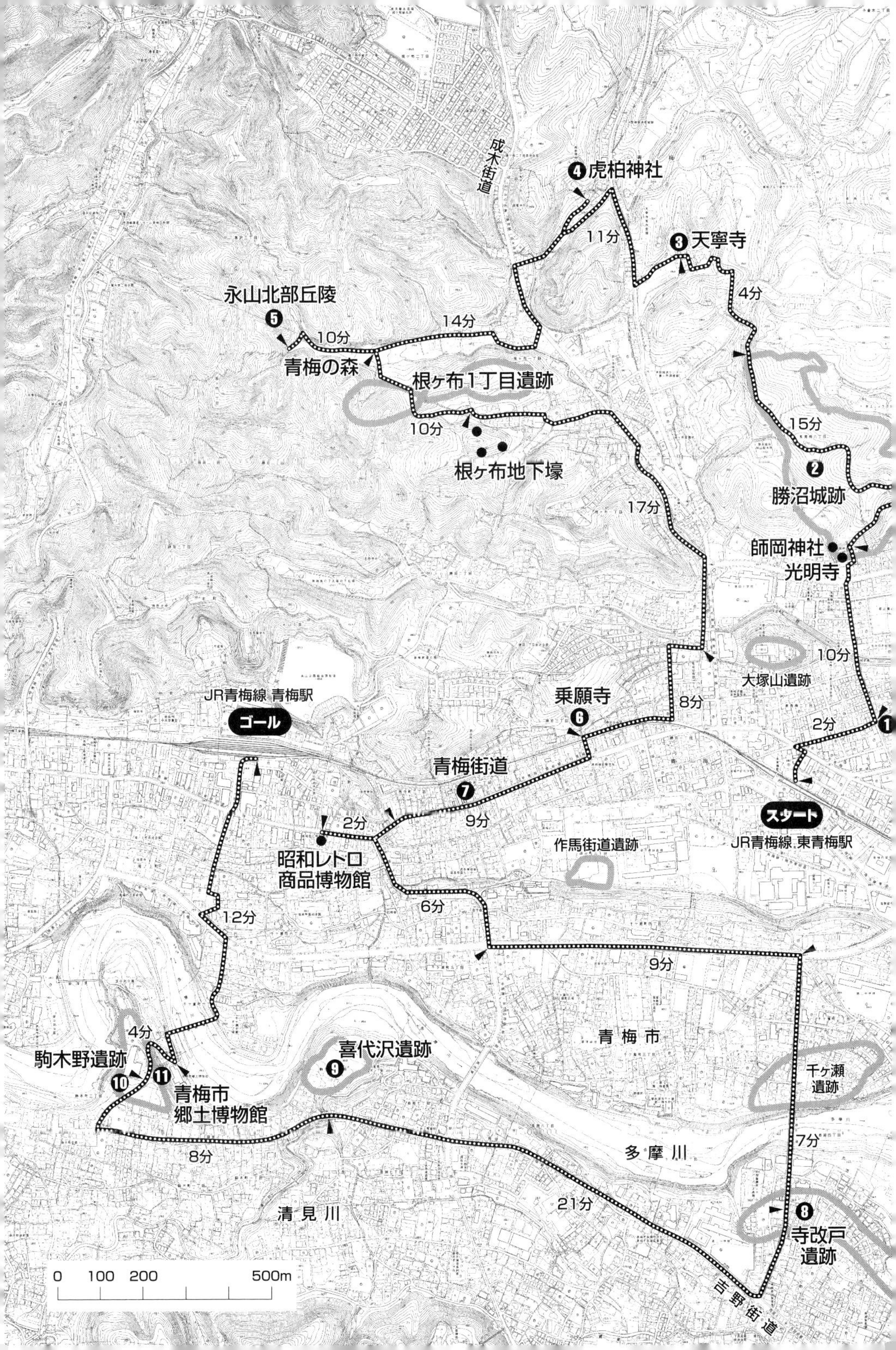

成木街道
❹虎柏神社
11分
❸天寧寺
4分
永山北部丘陵
❺
10分
14分
青梅の森
根ヶ布1丁目遺跡
10分
15分
❷
勝沼城跡
根ヶ布地下壕
17分
師岡神社
光明寺
10分
大塚山遺跡
JR青梅線 青梅駅
ゴール
乗願寺
❻
8分
2分
❶
青梅街道
❼
9分
スタート
JR青梅線 東青梅駅
2分
昭和レトロ
商品博物館
作馬街道遺跡
6分
12分
9分
青梅市
4分
駒木野遺跡
❿
⓫
青梅市
郷土博物館
喜代沢遺跡
❾
千ヶ瀬
遺跡
7分
8分
多摩川
21分
❽
寺改戸
遺跡
清見川
0 100 200 500m
吉野街道

六万薬師堂

map 1

青梅市東青梅三丁目三

JR青梅線東青梅駅北口から二分。六万薬師《ろくまんやくし》通りにある小さなお堂で薬師仏を本尊としています。一五九〇年（天正一八）、豊臣秀吉の小田原北条氏攻めの際の勝沼城《かつぬまじょう》落城による犠牲者の慰霊と疫病を払うために、天寧寺《てんねいじ》の正翁長達《しょうおうちょうたつ》が民衆に法華経六万部を写経させて祈禱《きとう》し、厄を払ったという由来があります。建築物は江戸時代のものですが、勝沼城と戦国時代の終わりに関係するお堂です。

勝沼城跡

map 2

青梅市東青梅六丁目四二他

六万薬師堂から霞川《かすみがわ》を渡り一〇分で曹洞宗《そうとうしゅう》の光明寺《こうみょうじ》です。光明寺の西には、寺門《じもん》を守る師岡《もろおか》神社社殿があります。光明寺の墓地を上り、空堀《からぼり》を渡ると、丘の上に鉄塔が立っています。ここが勝沼城の虎口《こぐち》です。空堀と土塁《どるい》で囲まれ、文化財標示板のある平場《ひらば》が、勝沼城曲輪《くるわ》1（本郭）です。曲輪2とは北の土橋《どきょう》でつながり、曲輪3へは広い空堀をへてつながっています。曲輪3の南と東には虎口を囲む角馬出《かくうまだし》があります。さらに、城跡の北東に位置する妙光院《みょうこういん》の北に曲輪4があり、居館《きょかん》とみられています。

勝沼城は、多摩川の北に東西にのびる加治《かじ》丘陵の先端、扇状地を

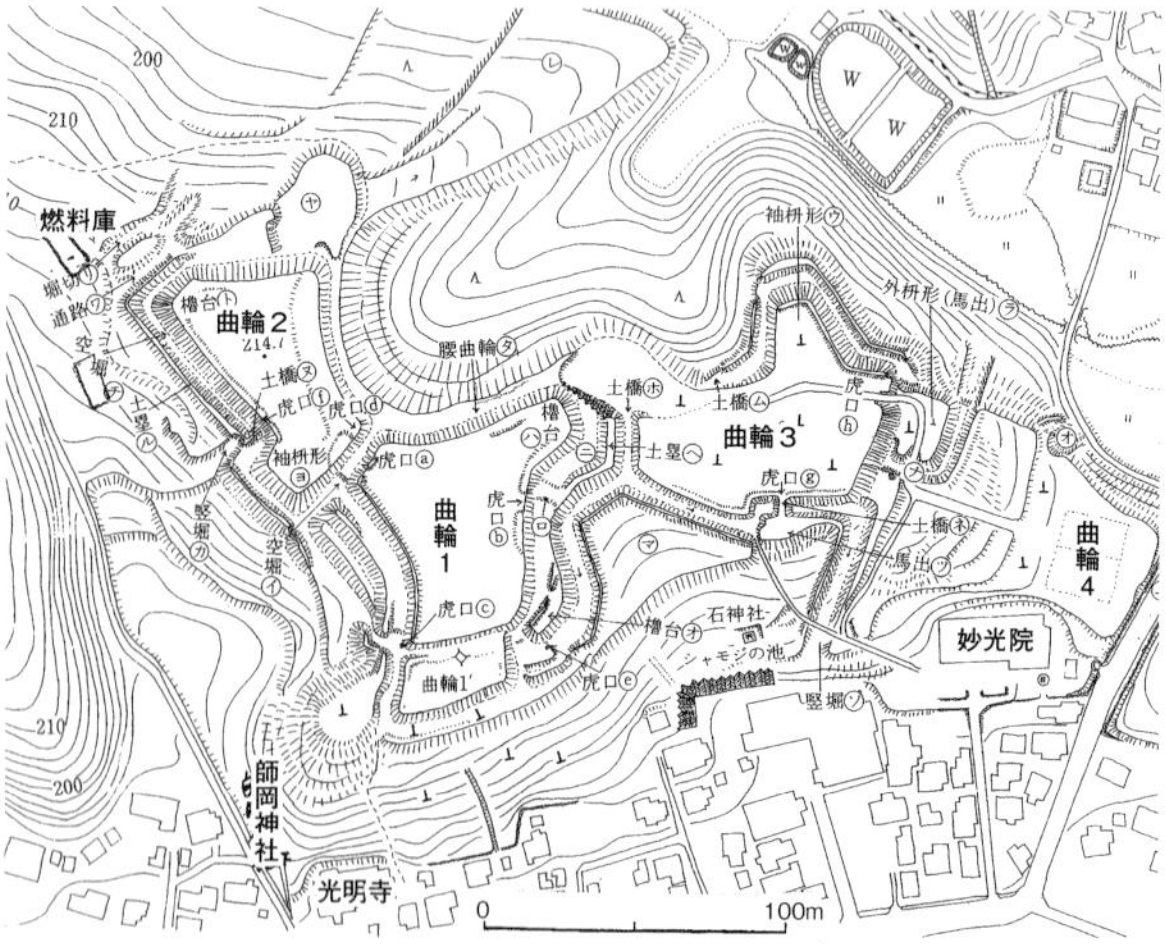

勝沼城跡全体図　加治丘陵の標高 215m にある平山城です。

六万薬師堂

一望できる平山城《ひらやまじろ》です。東西四〇〇メートル、南北一五〇メートルの範囲で、中央に曲輪1、北西に曲輪2、東に曲輪3・4からなり、腰郭《こしくるわ》、堀切《ほりきり》、空堀、土橋、土塁、馬出の遺構がよく残っています。

ここは室町時代、一五世紀末から戦国時代の一六世紀中頃に青梅・奥多摩の多摩川上流域の村々「杣保《そまのほ》」を支配していた三田氏《みたうじ》宗《むね》・政定《まささだ》の居城でした。三田氏は森林資源と霞川流域の水田生産力を基盤とした土豪《どごう》で、京都の連歌師《れんがし》宗長《そうちょう》と親しい風流人でした。宗長の紀行文「東路《あずまじ》の津登《つと》」には、「まことの深山に囲まれた勝沼の館《やかた》に逗留し、ともに連歌を楽しんだ」と記されています。

一五六二年（永禄五）頃に勝沼城は、滝山《たきやま》城主北条氏照《うじてる》によって攻撃され、政定の子、綱秀《つなひで》は勝沼城を放棄し、西方の辛垣《からかい》城に移り戦いをつづけましたが、北条氏の攻撃の前にあえなく滅亡しました。その後は、北条氏の家臣・師岡将影《もろおかまさかげ》が治め、城に大改造を加えました。しかし師岡氏も、一五九〇年の秀吉による小田原北条氏攻めの際の八王子城落城後、滅ぼされ、勝沼城は廃城となりました。

勝沼城跡の曲輪3は、のちに墓地となり、それが拡張された際に遺構が破壊されたので、一九六六年に都教育委員会により実測図が作成されました。一九七六年には宅地開発から守るため、歴史環境保全地域に指定され、公有地化が図られました。

勝沼城・曲輪1（本丸） 城跡には説明板があるのみで、雑木林の緑に包まれており、「勝沼城跡みどりの会」が都指定勝沼城址歴史環境保全地域の下草刈りや保全整備作業をおこなっています。

曲輪3の空堀 木々が鬱そうとしていますが空堀のくぼんだ地形が良好に残っています。

曲輪2西側の谷の中に、長方形の竪穴《たてあな》が発掘されていますが、これは一九四五年頃に陸軍によって構築された燃料庫跡です。

見学路は曲輪2櫓台《やぐらだい》から堀切を越えて北西の尾根道を進み、昭和後期に政界で暗躍した飛田東山《ひだとうざん》の別荘を東に望むと、ほどなく天《てん》寧寺《ねいじ》境内へ着きます。

天寧寺

青梅市根ケ布一丁目四五四

map 3

高峯山《たかみねさん》天寧寺は曹洞宗永平寺に属する名刹《めいさつ》です。文亀《ぶんき》年間（一五〇一～〇四）、勝沼城主三田政定が、曹洞宗中山広厳院《なかやまこうげんいん》の一華文英《いっけぶんえい》を開山にして創建しました。

以来、江戸時代には三七の末寺があるほど盛んになり、七堂伽藍《しちどうがらん》が整備されました。その七堂伽藍は曹洞宗禅宗七堂伽藍配置で、山《さん》門《もん》、仏殿《ぶつでん》、法堂《はっとう》、僧堂《そうどう》、庫院《くいん》、浴室《よくしつ》、東司《とうす》が直列に並び、都史跡天寧寺境域として指定されています。

参道から惣門《そうもん》を抜けると、江戸時代、一七五九年（宝暦九）に建てられた銅板葺《どうばんぶ》きの山門があります。山門の左右には多聞天《たもんてん》と増《ぞう》長天《ちょうてん》の像が配され、楼上には木造釈迦如来座像と十六羅漢《じゅうろくらかん》像が安置されています。山門を入ると、唐破風《からはふ》造り様式の中雀門《ちゅうじゃくもん》があります。山門左奥の鐘楼《しょうろう》の銅鐘《どうしょう》は、一五二一年（大永元）に三田政定

天寧寺法堂

銅鐘　1521年(大永元)に勝沼城主三田政定が寄進したものです。

天寧寺山門　銅板葺きで、向かって右手が多聞天像、左が増長天像です。

が寄進したもので、銘文には三田氏が平将門の後胤《こういん》である由緒が記されています。中雀門の正面の法堂の裏には霞ヶ池《かすみがいけ》があり、霞川の源流になっています。法堂で池泉回遊《ちせんかいゆう》式の庭園を拝観し、しばしの休息をとりましょう。

虎柏神社

青梅市根ヶ布一丁目三一六

map 4

天寧寺通り（大正年間にあった浅野セメントの黒沢専用鉄道跡）の西隣にあるのが、杉の社叢林《しゃそうりん》で囲まれた虎柏《とらかしわ》神社です。この神社は延喜式内社《えんぎしきないしゃ》で古く、三田氏により保護されていました。お諏訪《すわ》さまのお祭りの八月二八日にはにぎわい、都無形文化財のお殿入《とのい》り神事がおこなわれます。

青梅の森と遺跡

青梅市根ヶ布一丁目

map 5

虎柏神社から成木《なりき》街道を渡って南へ、根ヶ布《ねかぶ》の集落を羅随庵《らずいあん》の長《なが》屋門《やもん》（明治期の根ヶ布村役場）を西に入っていくと、谷戸田《やとだ》が広がり、その奥に「青梅の森」の北谷津湿地があります。

青梅市教育委員会による永山北部丘陵の試掘と「青梅永山丘陵の自然を守る会」の分布調査では、根ヶ布一丁目No.165遺跡はじめ八地点の遺跡（縄文早期・中期・平安時代遺物散布地）、中世の段《だん》

虎柏神社と社叢林

羅随庵の長屋門　明治時代に根ヶ布村役場でした。

Zoom Up

「青梅の森」の保全

「青梅の森」の里山はかつて開発予定地でした。永山北部丘陵住宅地開発といい、青梅市基本計画に沿った民間宅造計画で、青梅市根ヶ布の丘陵と沢地《さわち》九〇ヘクタールに二一〇〇戸の分譲住宅をつくるというものでした。しかし、永山北部丘陵には里山と湿地が広がり、多数の動植物が生息していることがわかり、また縄文早期・中期、中世、近代の五遺跡が確認されたのです。「青梅さとやま市民会議」や「青梅永山丘陵の自然を守る会」は根ヶ布の住民とともに開発反対を訴え、自然観察会や文化財見学会を積極的におこない、業者や行政へ働きかけました。環境保護運動の結果、また業者が倒産したこともあって、二〇〇四年に市が開発予定地を公有地化して全面保存することになりました。今も里山保全地域として保存・活用することをめざした運動がつづけられており、市によって「青梅の森」として北谷津の湿地を保全し、南谷津に拠点施設を設ける計画が進行中です。

青梅の森の北谷津西谷湿地には水がわき、ホトケドジョウ・アカネトンボ・ゲンジボタル・ヘイケボタルが生息し、丘陵にはコナラの薪炭林が繁り、希少動物のクマタカ・オオタカが飛び、農家にはタヌキがやって来ます。

永山北部丘陵「青梅の森」

切《ぎ》り遺構と砦跡《とりで》、そして太平洋戦争時につくられた掩体壕《えんたいごう》跡が確認されています。根ヶ布一丁目の南の沢には、壕が四カ所開いています。壕は幅二〜三メートル、長さ五〜一五メートルで、戦車や物資を隠すための掩体壕と地下壕です。一九四四〜四五年に陸軍立川航空工廠の疎開施設として、朝鮮人を使って工事された戦争遺跡です。

乗願寺

青梅市勝沼三丁目一一四

map 6

根ヶ布から成木街道へ戻り、南へ。鉄道公園入口で西へ曲がり、勝沼神社をすぎると、青梅線の北側に乗願寺《じょうがんじ》があります。

勝沼山乗願寺は時宗《じしゅう》の寺で、鎌倉時代に三田氏により開山されたと伝えられています。江戸時代に建立された本堂の左手の墓地には、明治初期の多摩地誌『皇国地誌』を編纂した齋藤真指《さいとうまさし》の石塔や、嘉《か》慶《けい》元年（一三八七）の銘がある嘉慶の大板碑《いたび》があります。この大板碑は秩父産の緑泥片岩《りょくでいへんがん》製で、二つに折れて立っていますが、二条線《にじょうせん》や阿弥陀三尊の梵字種子《ぼんじしゅじ》が深く彫り込まれ、光明真言《こうみょうしんごん》が刻まれた優秀な南北朝時代の板碑です。

青梅街道とレトロな町並み

青梅市西分・住江町・森下町

map 7

乗願寺西の踏切で青梅線を渡り、西分《にしわけ》一丁目から住江《すみえ》町まで旧青

右上：**青梅の森**　西谷湿地をかこんで雑木林が広がっています。

右下：**乗願寺本堂**　江戸時代の建立です。

嘉慶の大板碑　二つに折れていますが（左が上）、嘉慶元年（1387）の銘がある南北朝時代の彫りの深い板碑です。

梅街道を歩きましょう。

青梅街道は江戸から青梅宿を経由し、多摩川沿いに甲府へ向かう甲州裏街道です。かつて青梅の石灰《せっかい》を江戸に運び、御岳山《みたけさん》神社参詣や小河内《おごうち》鶴の湯への湯治《とうじ》客でもにぎわった街道です。

江戸後期の青梅宿には一〇軒の旅籠《はたご》があり、毎月の六斎市《ろくさいいち》では青《おう》梅縞《めじま》・木炭・穀類・野菜が取引されました。今も開かれる一月一二日の青梅だるま市は、その名残です。森下陣屋《じんや》跡の東にある蔵造りの稲葉家住宅などの町屋が、江戸期の町並みの景観を残しています。現在は住江町に昭和レトロ商品博物館、青梅赤塚不二夫会館、昭和幻燈館が並び、青梅出身の絵師久保板観《くぼばんかん》の映画看板が商店の軒先に飾られ、懐かしい昭和期のレトロな風情が人を惹きつけています。

寺改戸遺跡

青梅市長淵四丁目三九一付近

map 8

住江町から段丘を下り、千ケ瀬《ちがせ》五丁目信号を左へ曲がり、青梅街道を千ケ瀬二丁目交差点で右折し、下奥多摩橋で多摩川を渡ると、長淵四丁目バス停があります。この付近が寺改戸《てらがいど》遺跡です。

青梅市には、縄文後期から晩期にかけての寺改戸遺跡と喜代沢《きよさわ》遺跡があります。これらの遺跡は、現在の多摩川の川原から二〇メートル高い、千ケ瀬段丘上に残されています。縄文中期にくらべて後

懐かしいレトロな町並み　昭和レトロ商品博物館（右）と青梅赤塚不二夫会館（左）。

稲葉家住宅　江戸後期に青梅街道沿いで青梅縞を商っていた商家の建物です。

期には、より川に近いところに住むようになっていました。

寺改戸遺跡は一九七四年の市道建設の緊急調査で、縄文後期の墓一二カ所が発見されました。さらに一九九〇・九四年の調査でも、土坑《どこう》が直径六〇メートルの円形に集中する墓地であることがわかりました。縄文後期前葉の堀之内《ほりのうち》期には土坑墓《どこうぼ》、後期中葉の加曽利《かそり》B期には配石《はいせき》・周石《しゅうせき》土坑墓という墓の変化は、町田市田端《たばた》遺跡ともよく似ています。9号土坑には、立てた大石を墓標にして、加曽利B式の幾何学的な磨《す》り消し文様をもつ注口《ちゅうこう》土器（土瓶《どびん》）と小形の鉢《はち》、つまり果実酒などの液体を注ぐ器と注がれる器とがいっしょに副葬されていました。こうした例はめずらしく、重要文化財に指定され、市郷土博物館に展示されています。

喜代沢遺跡

青梅市駒木町一丁目七一二付近

map 9

吉野街道を西へ行くと、駒木《こまき》町と清見川《きよみがわ》の間の舌状《ぜつじょう》台地に喜代沢遺跡があります。現在は草地となっていて将来保存の計画もありますが、標識もなく整備されていません。

喜代沢遺跡は、縄文後期・晩期に多摩川上流に暮らした縄文人集団の親ムラにあたる集落です。一九六二年に甲野勇《こうのいさむ》、六五年から吉田格・岡田淳子ら、一九七八年には青梅市遺跡調査会によって、保

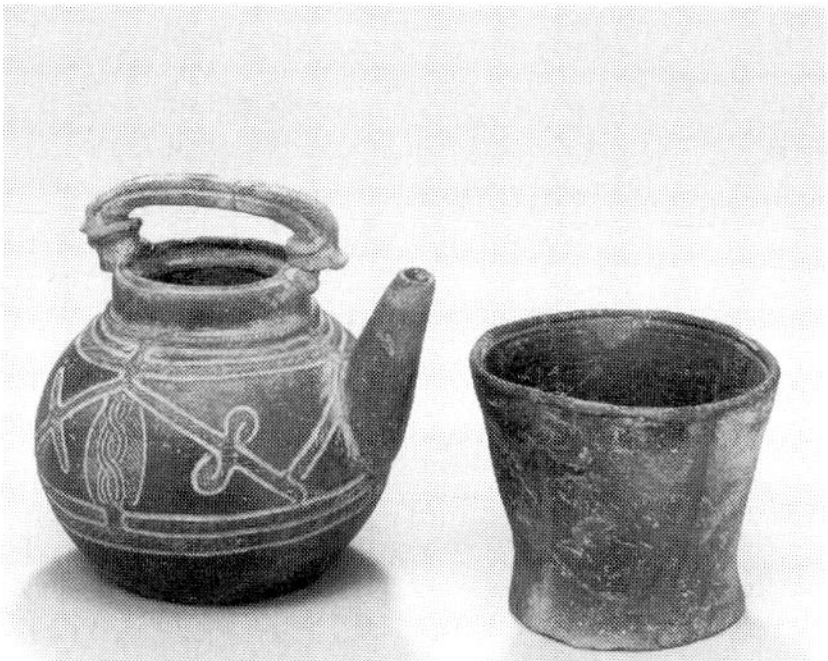

周石墓に副葬されていた注口土器と鉢形土器
縄文後期中葉（加曽利Ｂ期）に特徴的な文様をしています。葬られた人が死後の世界で使うために副葬されたのでしょうか。

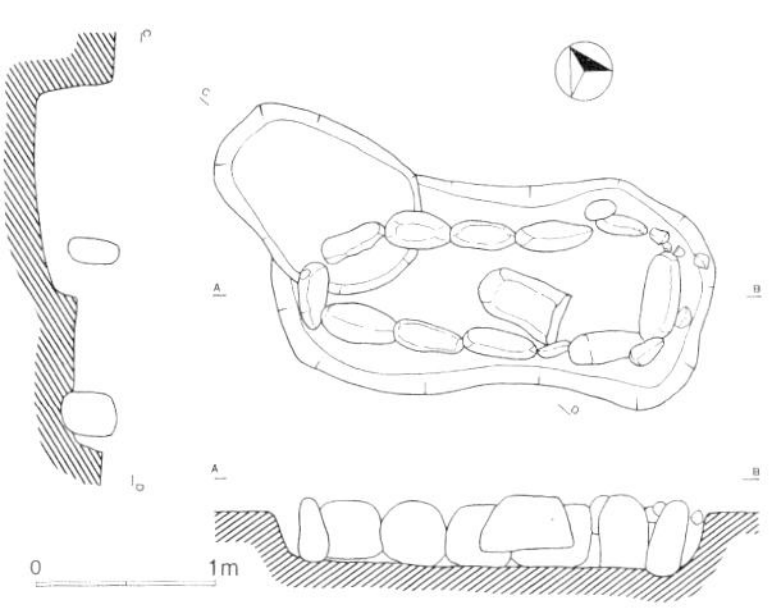

寺改戸遺跡の周石墓　川原石を土坑のまわりに立てて並べた縄文後期中葉（加曽利Ｂ期）の墓です。

存を前提とした学術発掘調査がおこなわれました。縄文後期の加曽利B期・安行《あんぎょう》Ⅱ期の四角形の竪穴住居址《たてあなじゅうきょし》が発見され、晩期の安行Ⅲa期には石囲《いしがこ》いの炉と柱穴《はしらあな》をもつ整然とした住居があることがわかりました。

一五軒以上も円弧状に重なる住居群の内側には、土坑墓と周石墓・列石《れっせき》・積石《つみいし》などの配石遺構が広がっていました。中央広場のまわりに墓地や祭りの場があり、その外側に住居がつくられる、ベースキャンプと思われる集落です。

土器とともに数百個の石鏃《せきぞく》、糸かけの溝をきざんだ魚網用の石錘《せきすい》、打製石斧《だせいせきふ》・石皿《いしざら》・敲石《たたきいし》などの労働用具も出土して、多摩川での網漁や山地での狩りに大きな比重がかかっていたことがわかります。また、石棒《せきぼう》・石剣《せっけん》・土偶《どぐう》・土版《どばん》・耳飾《みみかざり》・ヒスイの玉・亀甲《きっこう》形土製品のような呪術具《じゅじゅつぐ》・装身具がかなりあって、注目される遺跡です。

駒木野遺跡

青梅市駒木町三丁目六六八付近

map 10

吉野街道からかんぽの宿青梅へと入ると、多摩川へ突き出た舌状台地に、駒木野《こまぎの》遺跡が広がっています。一九九三年にかんぽの宿の建築で発掘調査され、縄文中期の竪穴住居址三八軒、敷石《しきいし》遺構・配石遺構九八、土坑一三〇が発見されました。縄文中期の環状集落で

駒木野遺跡出土の勝坂式土器　把手に蛇の装飾がついた、西関東から山梨にかけての縄文中期に特徴的な文様です。

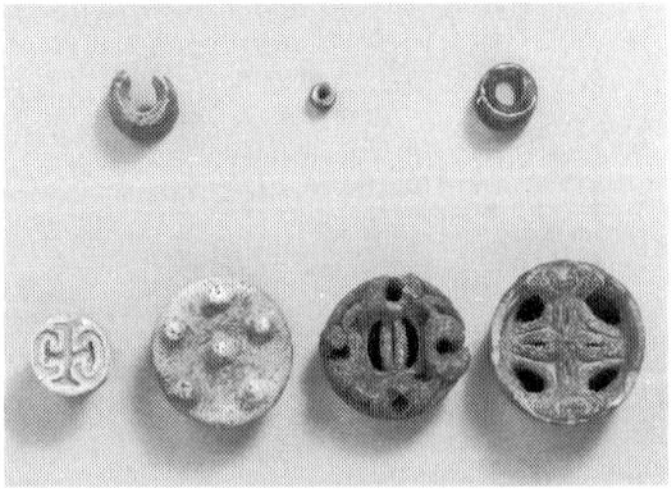

上：喜代沢遺跡出土の耳飾を付けた土偶
下：同上出土の石製垂飾と土製耳飾

す。見つかった配石遺構は、かんぽの宿の入口の庭に保存され、説明板が立っています。この配石遺構から屋内祭祀の様子を知ることができます。26号住居址から出土した勝坂《かつさか》式土器の複製二点は、かんぽの宿ロビーにガラスケース入りで展示されています。イノシシの鼻ととぐろを巻いた蛇の把手のついた勝坂式深鉢《ふかばち》形土器は、縄文人の造形美とアニミズムを示す優品です。

青梅市郷土博物館

青梅市駒木町一丁目六八四

map 11

かんぽの宿青梅に隣接する多摩川南岸河川敷の釜《かま》の淵《ふち》公園内に、青梅市郷土博物館があります。一九七四年に開館した考古・歴史・民俗資料を展示する博物館です。市の歴史研究や文化財行政のセンターとなっています。

青梅市内の旧石器（城《じょう》の腰《こし》遺跡のナイフ形石器）・縄文（駒木野遺跡・喜代沢遺跡の土器・土偶）・弥生（馬場《ばば》遺跡）・古代の考古資料、中世の板碑、近世古文書、民俗資料が展示されています。館に隣接して、小曾木《おそき》から移築された国重要文化財の旧宮崎家住宅には民具類が並べられ、昔の生活の体験学習ができます。

郷土博物館からは川原の遊歩道を進み、素晴らしい眺望の鮎美《あゆみ》橋を渡り、河岸段丘を北へ上って一二分で青梅駅へ着きます。

釜の淵公園

青梅市郷土博物館ガイド　開館時間:9時から17時まで。入館料：無料。休館日：月曜日。連絡先：0428（23）6859。歴史講座・体験講座を盛んにおこなっています。
左：旧宮崎家住宅（国重要文化財）

Zoom Up

海沢下野原遺跡・水と緑のふれあい館

JR青梅線奥多摩駅から南東へ三キロ、多摩川の南、海《うな》沢《ざわ》養鱒場の上の海沢神社の先、天地山麓の段丘に海沢下《うなざわしも》野原《のはら》遺跡があります。介護施設寿楽荘の中に住居址が保存され、説明板が立っています。

海沢下野原遺跡は、奥多摩山地の縄文中期から後期にかけての大きな集落です。一九六五年の奥多摩郷土研究会による発掘以降、竪穴住居址三〇軒が発掘されています。

中期中葉の竪穴住居址は円形で、直径約五メートル、中央には土器を埋めこんだ石囲い炉があります。土器のほかに、打製石斧と石鏃、石錘・浮子《うき》、土製円盤、鳥・獣骨が出土しました。めずらしいニホンオオカミの骨も出土しています。

海沢川には珪岩《けいがん》（チャート）の露頭があり、石器素材を採取して供給した、多摩川上流のチャート石器製作原産地集落と思われます。

氷川《ひかわ》の登計原《とけっぱら》遺跡では、縄文前期の十三菩提《じゅうさんぼだい》式土器の時期の方形の竪穴住居址が二軒発掘されています。新潟県柿崎町の鍋屋町遺跡との交流がうかがわれ、多摩川源流の水晶石器も出土しています。

氷川から八キロさかのぼった小河内《おごうち》ダムの奥多摩湖畔に

奥多摩湖　湖底に水没した下河内平遺跡をはじめ 15 カ所の遺跡がありました。

建つ「水と緑のふれあい館」は、東京都水道局と奥多摩町の共同で建てられた資料館です。展示は、奥多摩の自然や、小河内ダムの仕組み、水道の大切さを紹介しています。

一階の奥多摩町郷土資料展示ゾーンでは、奥多摩町の歴史・文化・民俗資料を模型と実物で紹介しています。海沢下野原遺跡出土品、硬玉《こうぎょく》製垂玉《すいぎょく》、滑石《かっせき》製垂玉の町指定文化財をはじめ、湖底に沈んだ小河内の遺跡や登計原遺跡の土器などを展示しています。

かつて奥多摩の小河内渓谷には、下河内平《しもごうちだいら》遺跡・留浦《とずら》遺跡はじめ一五カ所の遺跡があり、奥多摩湖建設に先立って発掘調査されました。

奥多摩町には、このような縄文時代の遺跡をはじめ、奈良時代・中世の遺跡があり、奥多摩山地の資源による生活を今に伝えています。

江戸時代、奥多摩には御巣鷹山という幕府の直轄林があり、鷹狩りの免許札も残されています。

下野原遺跡出土の蛇蛙把手深鉢（縄文中期）

奥多摩水と緑のふれあい館ガイド　開館時間：9 時 30 分から 17 時まで。入館料：無料。休館日：水曜日。交通：JR 青梅線奥多摩駅より西東京バス奥多摩湖・留浦・小菅・丹波行き 20 分「奥多摩湖」下車。連絡先：0428（86）2731。

② 草花丘陵・秋留台地の遺跡を歩く

あきる野市の縄文集落と東京最大の後期古墳群、古代・中世の遺跡を探訪するコース。平井川の流れに沿った縄文人の生活と古代の小河郷の姿を偲びます。

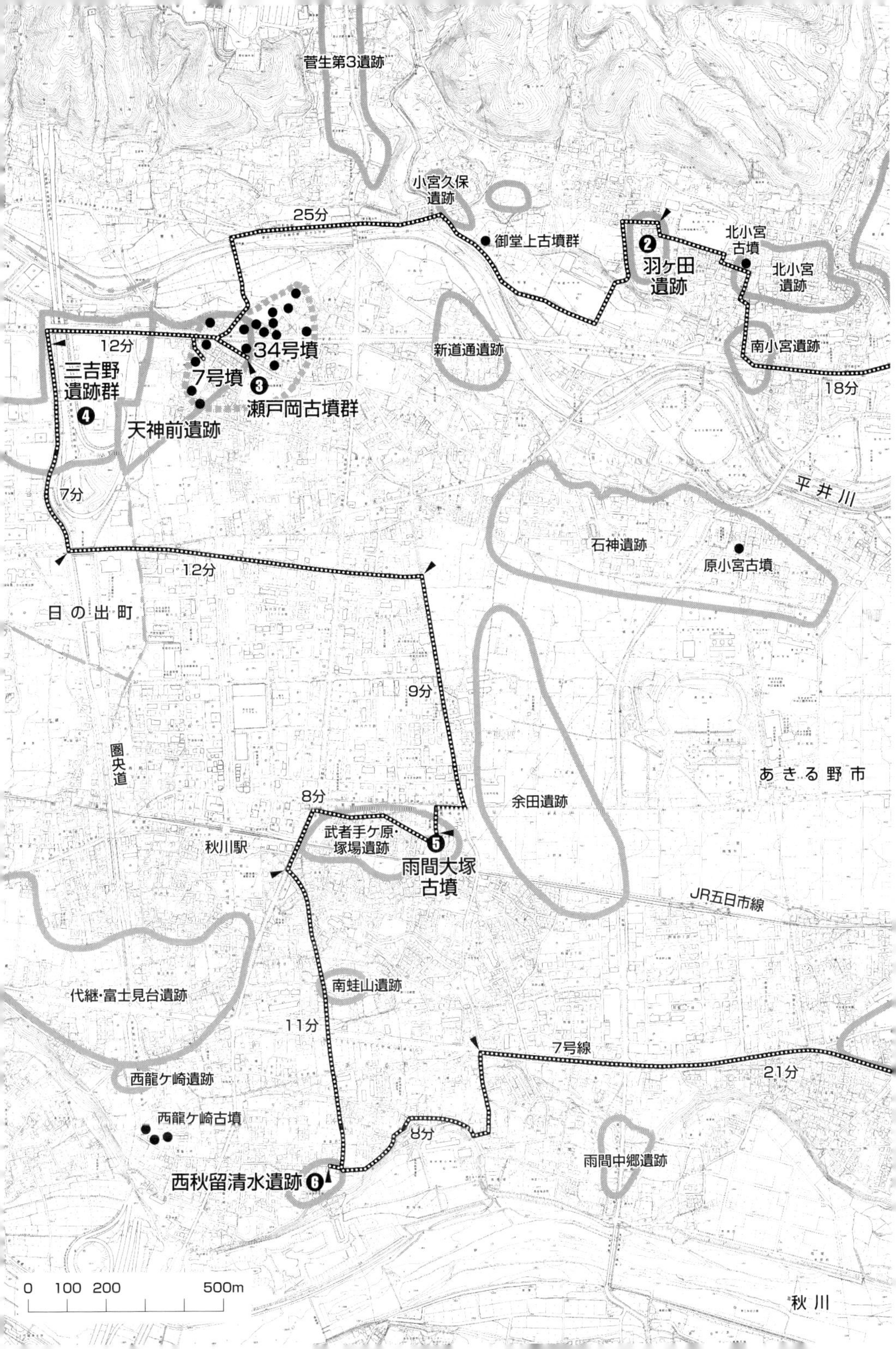

菅生第3遺跡
小宮久保遺跡
25分
御堂上古墳群
2
羽ヶ田遺跡
北小宮古墳
北小宮遺跡
南小宮遺跡
18分
新道通遺跡
12分
三吉野遺跡群
4
34号墳
7号墳
3
瀬戸岡古墳群
天神前遺跡
7分
平井川
石神遺跡
原小宮古墳
12分
日の出町
9分
圏央道
あきる野市
8分
武者手ケ原・塚場遺跡
5
雨間大塚古墳
余田遺跡
秋川駅
JR五日市線
南蛙山遺跡
代継・富士見台遺跡
11分
7号線
21分
西龍ケ崎遺跡
西龍ケ崎古墳
8分
雨間中郷遺跡
西秋留清水遺跡
6
0 100 200 500m
秋川

草花遺跡

あきる野市草花字草花前

map 1

JR青梅線福生《ふっさ》駅西口から西へ永田橋《ながたばし》で多摩川を渡り、165号線を二四分歩いてあきる野市に入り、下草花《しもくさばな》バス停周辺の台地縁の畑地・住宅地が草花遺跡です。現地は埋め戻されていて、標識はありません。

草花遺跡はじめ旧秋川《あきかわ》市内の遺跡は、地元の研究家、塩野半十郎《しおのはんじゅうろう》が昭和の初めから農業のかたわら遺跡をさがし、縄文土器をこつこつと収集してきたことから学界に知られるようになりました。

そして一九三六年（昭和一一）に、東京府史跡調査係の後藤守一《ごとうしゅいち》（戦後は明治大学教授）が中心になって草花遺跡を調査しました。この調査は、草花集落の農民が作業を手伝い、遠方からのべ二〇〇〇人以上の見学者が訪れるほどの関心をよびました。このときに縄文中期の勝坂《かつさか》期の竪穴住居址《たてあなじゅうきょし》が四軒、敷石炉《しきいしろ》四カ所と古墳の周溝《しゅうこう》（径一八メートルの円墳《えんふん》）が発見され、草花遺跡は大規模な集落跡と古墳であることがわかりました。また一九四二年（昭和一七）には、江坂輝彌《えさかてるや》により、草花遺跡発掘の土器は縄文前期の諸磯《もろいそ》c式にあたるとして、草花式土器という名称が提唱されました。

草花の中高瀬《なかたかせ》遺跡の都道にともなう発掘では、縄文後期の敷石住

草花遺跡の縄文中期の竪穴住居址
1936年、後藤守一らが発掘しました。

塩野半十郎　秋川の遺跡発掘調査や土器製作、縄文人の衣服や食料の研究に生涯をかけ「土の巨人」と高く評価されています。

居址と土偶《どぐう》・石棒《せきぼう》がみつかっています。塩野コレクションは東京国立博物館に収蔵されています。

羽ヶ田遺跡

あきる野市草花字羽ヶ田二八六一

map 2

草花遺跡から西へ一八分、西草花バス停の北、多西《たさい》小学校の西にある第二給食センターの南が羽ヶ田《はけた》石器時代住居址です。

一九三六年に後藤守一によって発掘調査されました。縄文中期末から後期の柄鏡形《えかがみがた》敷石住居址《しきいしじゅうきょし》です。一号住居址は径二・九メートルで、長さ一・七メートルの張出《はりだし》部があります。二号住居址は径四メートルの円形で、長さ二メートルの張出部があります。

調査当時、敷石住居はめずらしく、羽ヶ田遺跡は都旧跡に指定されましたが、標識はありません。現地は宅地化されていますが、集落跡は埋め戻されています。

敷石住居は竪穴住居の床の一部、または全部に平たい川原石を敷き並べ、中央に石囲《いしがこ》い炉《ろ》がある屋内祭祀《さいし》の住居址で、縄文中期末から後期前半の西関東、甲信地方に分布しています。

瀬戸岡古墳群

あきる野市瀬戸岡四三〇付近

map 3

さらに西へ尾崎橋で平井川《ひらいがわ》を渡り、瀬戸岡《せどおか》の神明《しんめい》神社周辺が瀬戸

瀬戸岡古墳群の景観　平井川の河岸段丘上にあります。古墳時代後期の多摩最大の群集墳です。瀬戸岡字上賀多のクリ林が瀬戸岡歴史環境保全地域に指定され、保全地域内に半地下式の横穴式石室25基が保存されています。

羽ヶ田遺跡の敷石住居址　平たい川原石を敷き並べた縄文後期の屋内祭祀の住居です。

岡古墳群です。

平井川の南側の河岸段丘は、瀬戸岡歴史環境保全地域に指定されていて、クリやコナラ、クヌギの雑木林からなる緑地です。この河岸段丘上に五一基の古墳があります。多摩最大の群集墳で、古墳時代後期の古墳群です。一九二六年（大正一五）に都旧跡に指定され、最近都史跡になりました。神明神社の西側の住宅地に、露出保存されている7号墳の石室《せきしつ》と説明板をみることができます。また酒店の北にも34号墳の石室があります。これ以外にも瀬戸岡歴史環境保全地域のクリ林にも点々と低墳丘の径五メートル前後の円墳を見学できますが、民有地なので所有者の岸野修一家（出土品も保管）に断ったうえで見学してください。

この古墳群は、一九二四年（大正一三）、一九二七年（昭和二）、一九五〇年の三次にわたって、瀬戸岡青年団・鳥居龍蔵《とりいりゅうぞう》・後藤守一らが発掘調査しました。一九九一年には秋川市文化財調査会松浦宥一郎により測量調査がされています。古墳は半地下式の横穴式石室《よこあなしきせきしつ》で、長さ三～四メートル、幅・高さは一メートル、川原石を用いて胴張《どうば》りのある長方形に組まれています。石室の形態・特徴からみて、七世紀前半から末につくられた古墳です。石室内には鉄製刀子《とうす》・直刀《ちょくとう》・鉄鏃《てつぞく》が副葬されていました。

露出保存されている
瀬戸岡7号墳の石室

瀬戸岡古墳群の分布図　◎印が古墳、●は石室を露出保存。

Zoom Up

古代の牧と瀬戸岡古墳群

瀬戸岡古墳群の石室は、平井川の段丘にある礫《れき》で組まれています。そして長野県長野市の大室《おおむろ》古墳群や山梨県甲府市の横根《よこね》桜井積石塚《さくらいつみいしづか》古墳群のような積石塚古墳とは異なり、石積みの石室には土盛りの墳丘があったようです。

瀬戸岡古墳群に多い胴張りのある石室は、高句麗《こうくり》や百済《くだら》など朝鮮からの渡来系墳墓の特徴が指摘されています。七世紀に渡来系集団が移住し、秋川流域に馬を放牧する牧《まき》をひらき、養蚕を始め、その集団の家長層の集団墳墓として、あきる野の瀬戸岡・森山《もりやま》・草花前に総数七九を超える群集墳がつくられた可能性が考えられます。30号墳では、胴張りのある川原石積み横穴式石室から帯金具《おびかなぐ》・小《こ》玉《だま》・鉄鏃が出土しました。

平安時代には、『日本霊《にほんりょう》異記《いき》』に多磨郡小河郷《おがわごう》の郡《ぐん》司《じ》、大真山継《おおまのやまつぐ》の名があり、「延喜式《えんぎしき》」には武蔵の勅旨《ちょくし》牧《まき》として小川牧が置かれた記事があります。

小河郷の地としては、あきる野市小川・二宮が確定的です。瀬戸岡古墳群は古代武蔵国の文化の源を偲ぶ遺跡です。

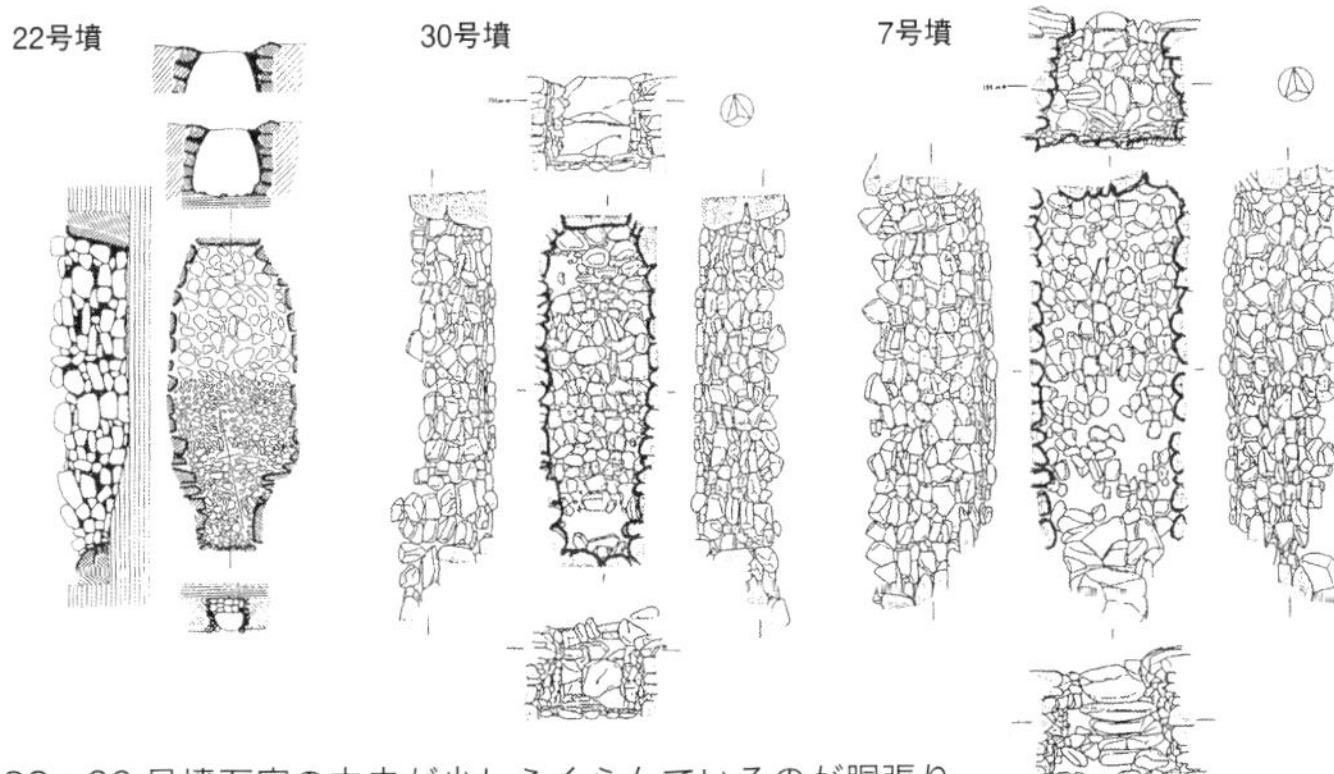

22・30号墳石室の中央が少しふくらんでいるのが胴張り。

三吉野遺跡群

日の出町平井三吉野

map 4

瀬戸岡古墳群から西へ184号線を五〇〇メートル行った北三吉《きたみよし》野橋《のばし》で、圏央道《けんおうどう》が南北に通っています。この圏央道日の出インターチェンジから三吉野工業団地にかけてが、三吉野遺跡群欠上《かけうえ》・下モ《しも》原《はら》地区で、日の出町教育委員会と都埋蔵文化財センターが発掘調査しています。

古墳時代後期・奈良・平安時代の集落跡で、竈《かまど》をもつ竪穴住居址・掘立柱建物《ほったてばしらたてもの》数十棟が発見されました。土師器・須恵器・陶磁器・馬具・刀子・砥石《といし》・紡錘車《ぼうすいしゃ》・管玉《くだたま》・臼玉《うすだま》が出土しました。

この集落跡は瀬戸岡古墳群の母体となる集落で、牧の囲い溝や馬具の轡《くつわ》が出土していることから、小河郷の中心になる集落や牧の一部と思われます。しかし現地は大部分が消滅してしまいました。

雨間大塚古墳

あきる野市雨間二三三二

map 5

三吉野遺跡群から南の秋川駅方向へ圏央道側道を進み、南三吉野橋で左折し、あきる野市役所の南西、五日市線と市役所の間に大塚公園があります。この公園に高さ六メートル、周囲一三〇メートルの大塚古墳があり、都旧跡に指定されています。

圏央道日の出インター付近　三吉野遺跡群がありました。瀬戸岡古墳群の母体となる集落や牧です。

雨間大塚古墳　大塚公園内にあります。前期古墳とも中世の修験道にかかわる方形の塚とも考えられています。頂上に祠があります。

都文化課の多摩地域の古墳測量調査では、一辺三三メートル、高さ八メートルの方墳《ほうふん》とされました。しかし、埴輪《はにわ》・須恵器・葺石《ふきいし》・周溝などの古墳であるという証拠は得られず、この「雨間《あめま》大塚」は古墳ではなく、中世の修験道《しゅげんどう》にともなう信仰のための方形の塚である可能性もあります。今後の発掘が待たれます。

西秋留清水遺跡

あきる野市牛沼

map 6

大塚公園から油平《あぶらだい》北信号を南に向かい、牛沼《うしぬま》で秋川を望む台地の縁に出ます。ここに西秋留《にしあきる》清水石器時代住居跡の標柱があります。

西秋留清水遺跡は一九三二年（昭和七）、後藤守一によって発掘され、縄文中・後期（加曽利《かそり》E期～堀之内期）の敷石住居址が八軒みつかりました。

住居址は石囲い炉のまわりに平らな川原石が敷きつめられ、径四～六メートルの円形です。張出部のある柄鏡形住居址もみつかりました。屋内祭祀の場としての性格もかねた集落であったと思われます。しかし、発掘当時めずらしかった敷石住居址だけを保存する「点の保存」で、遺跡を広く保存する「面の保存」にはなりませんでした。秋川に面した草地の中の三軒の敷石住居址には、市が整備して、国史跡の標識と説明板が立てられています。

西秋留清水石器時代住居跡の標柱

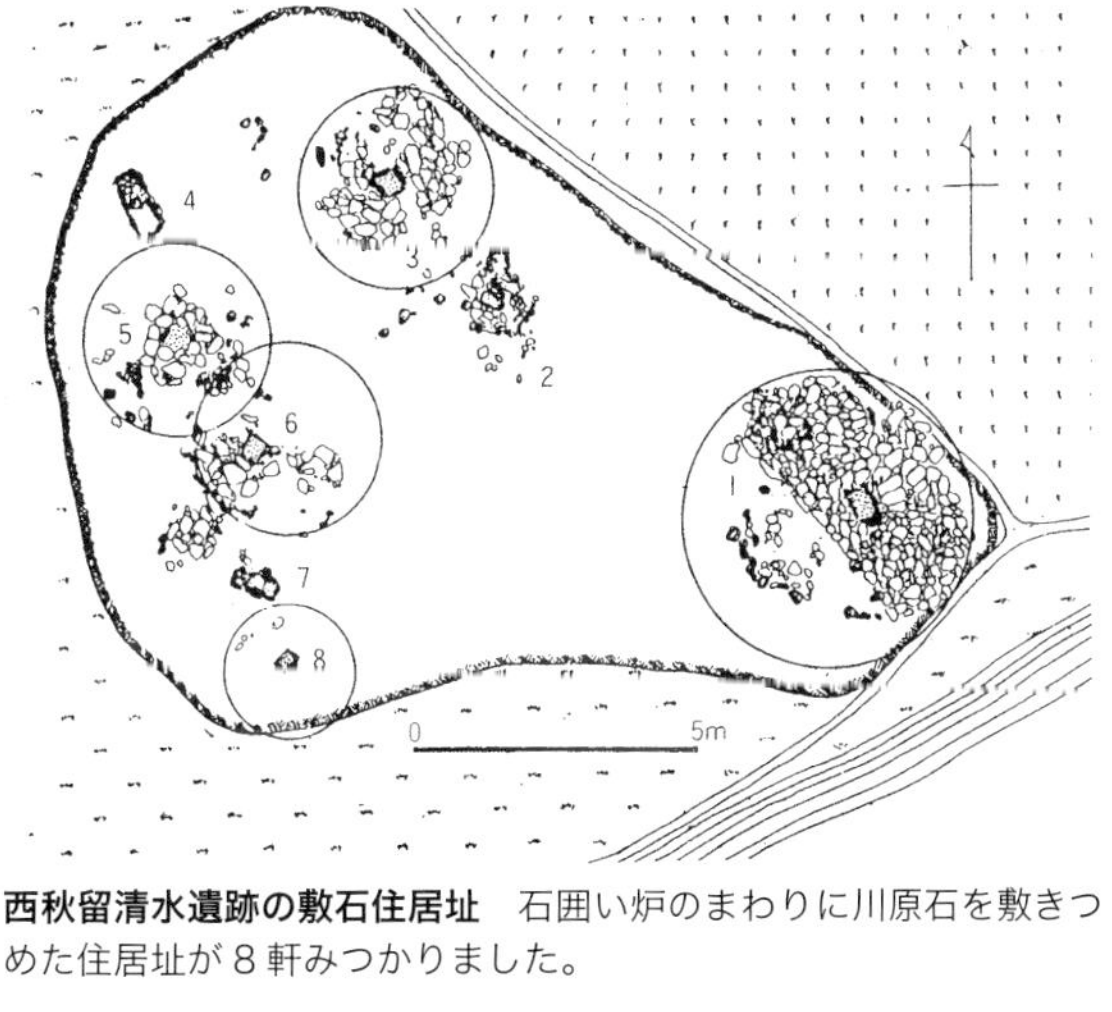

西秋留清水遺跡の敷石住居址　石囲い炉のまわりに川原石を敷きつめた住居址が８軒みつかりました。

前田耕地遺跡

あきる野市野辺七一付近

map 7

牛沼から7号線を東へ、野辺《のべ》の八雲《やぐも》神社をへて前田小学校をめざします。前田小学校東側にある東部図書館エルの南の前田公園に、前田耕地《まえだこうち》遺跡の縄文・弥生住居址のレプリカが展示されています。

前田耕地遺跡は秋留台地の東端の氾濫原《はんらんげん》に近い、青柳《あおやぎ》段丘につくられた縄文・弥生・平安時代の集落跡です。団地造成にともなう発掘調査では、とくに縄文時代草創期《そうそうき》の竪穴住居址二軒と石器製作址六カ所が発見されました。

竪穴住居は径四メートルの楕円形で、床面に赤く焼けた炉がありましたが、柱穴《はしらあな》は確認できませんでした。おそらく旧石器時代のテントハウスと同じような、円錐形の草屋根をした住居だったのでしょう。

石器製作址からは長さ一七センチの木葉形《もくようけい》の石槍《いしやり》と多数のチャート剥片《はくへん》が出土しています。草創期に特徴的な石槍です。また、住居址からは無文土器片と、シロザケの歯が八〇〇〇点とクマの骨片が出土しました。今より年平均気温が四度くらい低かったので、多摩川や平井川には鮭が遡上していました。一万三〇〇〇年前の縄文人は鮭を獲り、投げ槍で狩りをしていたことがわかります。

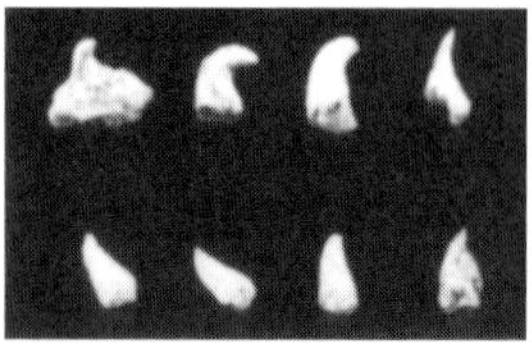
シロザケの歯

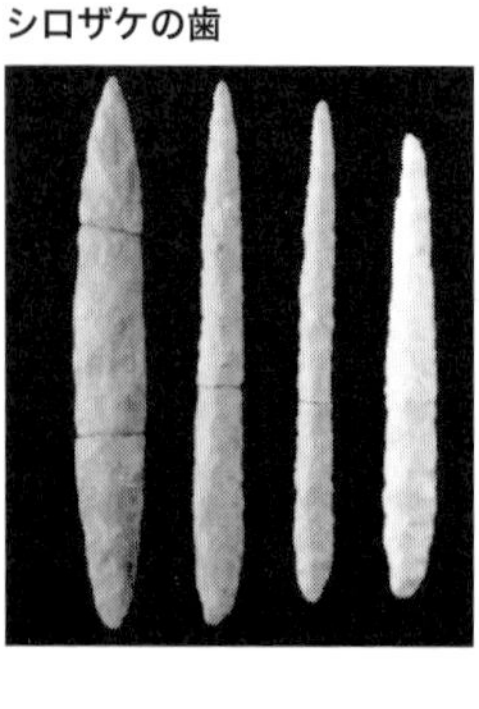
木葉形の石槍

前田耕地遺跡の縄文後期の敷石住居址

map 8 二宮森腰遺跡

あきる野市二宮一一五一付近

前田公園から北へ五日市線の踏切を越え、西へ向かうと二宮神社があります。二宮神社は平安時代に成立する武蔵国六所宮《ろくしょぐう》の一つで、江戸時代の社殿が建っています。

二宮神社境内周辺は、二宮森腰《にのみやもりこし》遺跡です。縄文時代早期・中期の集落跡、古墳時代後期の集落跡があります。古代・中世の瓦が大量に出土し、室町時代の金銅薬師如来立像の懸仏《かけぼとけ》が出土したことから、寺院跡の存在も推定されています。

map 9 二宮考古館

あきる野市二宮一一五一

二宮考古館は二宮神社境内にある市立考古博物館で、市内の原始・古代・中世の遺物を展示しています。雨間地区遺跡群の黒曜石《こくようせき》製細石刃《せいさいせきじん》、二宮森腰遺跡の撚糸文《よりいともん》土器、勝坂式土器、土偶、片目の顔面把手《がんめんとって》、世継《よつぎ》遺跡の古墳時代土師器の器台《きだい》・台付甕《だいつきかめ》、宮ケ谷戸《みやがやと》遺跡の大形住居の土師器、古代の布目瓦《ぬのめがわら》などです。展示は充実しており、『あきる野市文化財マップ』『秋川遺跡散歩』『武州二宮神社と古代・中世の瓦』などガイドブックも頒布しています。

二宮神社から徒歩四分で、JR五日市線東秋留駅に到着します。

二宮考古館ガイド 開館時間：10時から16時まで。入館料：無料。休館日：火・水曜日、祝日。連絡先：042（559）8400。

二宮森腰遺跡出土の室町時代の金銅薬師如来立像

二宮森腰遺跡出土の縄文中期の土器

5 伊奈石石切場遺跡
30分
4 横沢入
里山保全地域
25分
10分
日の出町
岳の上遺跡
松岩寺遺跡
水草木遺跡
砂沼遺跡
東平遺跡
大悲願寺 3
2分
前原遺跡
大悲願寺
遺跡
8分
JR五日市線
スタート
JR五日市線
武蔵増戸駅
亀の甲下
番場遺跡
あきる野市
15分
12分
高尾
公園
秋川
橋下
遺跡
8分
4分
弁天山公園
入口
網代門口遺跡
儘上遺跡
30分
20分
網代城跡
2
20分
1
網代弁天
洞穴遺跡
西峯遺跡
坪松
A遺跡
坪松
B遺跡
引谷ケ谷戸遺跡
網代松畑
遺跡

❸ 五日市の歴史遺産を歩く

秋川流域の秋留台地から五日市丘陵にかけて、歴史遺産と東京最大の横沢入の里山を歩くコース。弁天山の洞穴遺跡と中世・近世の伊奈石工が採掘した石切場遺跡を探訪し、五日市の歴史を体験します。

網代弁天洞穴遺跡

あきる野市網代城山

map 1

ＪＲ五日市線武蔵増戸《むさしますこ》駅からファインプラザと山田交差点をへて網代橋《あじろばし》で秋川《あきかわ》を渡ると、網代門口《あじろもんぐち》遺跡です。縄文中期の遺跡で、琥珀《こはく》の垂飾《たれかざり》が出土しています。畑になっていて、標識はありません。ここから網代弁天山《あじろべんてんやま》公園に向かいます。

弁天山公園のハイキングコースに従い、昭和前期のロープウェイ跡を見ながら道を上ると、弁財天《べんざいてん》を祀る貴志嶋《きしじま》神社社殿があります。弁天山山頂に近い社殿の奥の院が、網代弁天洞穴《あじろべんてんどうけつ》遺跡です。この洞穴は、五日市第三紀層に空いた自然洞穴で、弥生中期・古代・中世に、洞穴内で人が暮らし、祭祀をおこなっていました。

一九七三年、加藤晋平の調査で、条痕文《じょうこんもん》の壺形《つぼがた》土器、碧玉製《へきぎょくせい》管《くだ》玉《たま》、環状石斧《かんじょうせきふ》、須恵器坏《すえきつき》、墨書《ぼくしょ》の文字が書かれた一字一石経《いちじいっせききょう》、北宋《ほくそう》銭《せん》・明銭《みんせん》などが出土しました。

弥生中期の条痕文土器は壺棺《つぼかん》の可能性が高く、副葬品の管玉とともに再葬墓《さいそうぼ》（遺体を埋葬した後、骨だけを壺に収める東日本弥生初期独特の墓制）と考えられます。古代・中世には霊場として経石《きょういし》や銅銭《どうせん》が納められました。

洞穴の奥には、市指定文化財の貴志嶋神社石造大黒天《だいこくてん》像と毘沙門《びしゃもん》

網代弁天洞穴遺跡　貴志嶋神社奥の院です。

洞穴内に安置されている石造大黒天像　文明9年（1477）の紀年銘があり、室町時代の伊奈石石造物として貴重なものです。

網代弁天山の入口　弁天山公園ハイキングコースの起点で、4月にはムラサキツユクサが咲きます。

天《てん》像が安置されています。小槌《こづち》をもつ大黒天は伊奈石《いないし》で彫られた高さ三五センチの像です。文明《ぶんめい》九年（一四七七）の紀年銘があり、室町時代の伊奈石石造物として重要な石造文化財です。

網代城跡

あきる野市網代城山

map 2

弁天山の西三〇〇メートルへ階段道をたどると、城山《じょうやま》とよばれる網代城です。東尾根に二段の袖郭《そでくるわ》があり、山頂の平場《ひらば》が主郭《しゅかく》で、平場に説明板とベンチがあります。

城主は、北条氏家臣の青木内記《あおきないき》または貴志《きし》氏とされています。網代城は、戦国時代に北条氏城番衆《じょうばんしゅう》の土豪《どごう》が築いた城で、秋川流域の古甲州道に面する戸倉城《とくらじょう》と滝山城《たきやまじょう》との間で眺望がよく、烽火台《のろしだい》として、西の武田氏の攻撃に備えた小規模な城だったのでしょう。

網代城からは西の高尾神社方向へ弁天山ハイキングコースをたどって、天王橋《てんのうばし》から高尾公園へ下ります。高尾橋から秋川を渡り、五日市街道旧道へ入り、大悲願寺《だいひがんじ》をめざしましょう。

三内《さんない》信号のきわに伊奈石製の庚申塔《こうしんとう》があり、ここから川原へ下りると、亀ノ甲下《かめのこうした》の石切場《いしきりば》があります。砂岩の岩盤に、長さ九センチ、幅四センチの、切り出すために彫られた矢穴《やあな》が連続した岩がみられます。江戸時代中期に伊奈石を採石した跡です。

網代城山　戦国時代に北条氏が築いた城がありました。標高330mの山頂に説明板があります。

大悲願寺仁王門　大悲願寺は1191年（建久2）に開山した古刹です。室町時代に地元五日市の地侍の力で再興されました。

三内から北東へ上がる五輪坂をたどると、踏切の手前に五輪塔と地蔵石塔が立っています。ＪＲ五日市線の踏切を越えると、すぐ大悲願寺です。

大悲願寺

あきる野市横沢一三四

map 3

金色山《こんじきさん》大悲願寺は真言宗豊山派《ぶざん》の古刹《こさつ》で、一一九一年（建久二）、源頼朝の命により京都醍醐《だいご》三宝院《さんぼういん》の澄秀《とうしゅう》を開山として、秋川流域を支配する平山季重《ひらやますえしげ》が建立しましたが、その後衰退し、室町時代に五日市の地侍《じざむらい》の力で再興されました。

江戸時代には、当地を訪れた伊達《だて》政宗《まさむね》に境内に咲く白萩を贈った実弟の一五世秀雄《しゅうゆう》や、「横沢村《よこさわむら》絵図」を残し木活字をつくり木版印刷をおこなった二四世如環《じょかん》、「大悲願寺日記」を綴った二六世慈明《じみょう》などの歴代の住職が活躍し、多摩地域に三二の末寺がありました。

大悲願寺の仁王門《におうもん》を入ると、正面に観音堂、境内東に鐘楼《しょうろう》、本堂が並び、都・市の指定文化財が集中しています。一六九五年（元禄八）建立の本堂（講堂）、地獄極楽絵彩色彫刻がみごとな一七九四年（寛政六）再建の観音堂、伝阿弥陀如来三尊坐像、仁王門の天井絵、八王子横川の鍛冶工・加藤宗次が鋳造した寛文一二年銘の梵《ぼん》鐘《しょう》、金色山過去帳、伊達政宗白萩文書などがあります。

大悲願寺観音堂　江戸時代、1794年（寛政6）に再建されたものです。

左上：観音堂の地獄極楽絵彩色彫刻
左下：観音堂内の木造伝阿弥陀如来三尊坐像

慈明の「大悲願寺日記」には、横沢入《よこさわいり》の石山の権利をめぐって横沢村名主孫左衛門と慈明との対立が記録されています。横沢入の伊奈石石切場は寺領であったので、大悲願寺は伊奈石の採石・流通に深くかかわっていたと考えられます。

観音堂の墓地ぎわの五輪地蔵、庫裡《くり》前の井戸桁《けた》、長屋門《ながやもん》の大きな石橋、横沢村石工・田野倉藤兵衛《たのくらとうべえ》が製作した仁王門前の地蔵と手水《ちょうず》鉢《ばち》など、江戸時代の伊奈石石造物をぜひみてください。

横沢入里山保全地域

あきる野市横沢

map 4

大悲願寺の東に横沢入の道標があり、北へ入ると、人家のないすばらしい里山が残る横沢入です。

横沢入は、横沢川の沢地《さわち》と谷戸田《やとだ》と山に囲まれた里山です。伊奈石といわれる青灰色の粗粒砂岩《そりゅうさがん》を産出し、石切場跡が山に広がっています。沢にはゲンジホタル・トウキョウサンショウオ・ホトケドジョウが生息し、山にはオオタカ・キツネ・ウサギが営巣している西多摩最大の里山です。

この横沢入地区にJR東日本による宅造開発が計画されましたが、「五日市の自然を大切にするまちづくりを考える会」、「伊奈石の会」、「西多摩自然フォーラム」などによる里山の自然保全・文化財保存

大悲願寺の伊奈石製の井戸桁

伊奈石板碑　塩地蔵堂に保管されている舟形板碑。

五輪地蔵　地蔵の舟形光背に五輪塔のシルエットを浮き彫りした伊奈石製の石仏で、大悲願寺に独特の石仏です。

運動が一九八九年以来つづけられた結果、開発計画は白紙に戻されました。ＪＲ東日本は土地を無償で寄贈するという社会貢献をし、二〇〇六年に都環境局が横沢入里山保全地域に指定しました。現在、あきる野市と横沢入里山管理市民協議会の共同で、横沢入の環境学習や遺跡巡検、ビオトープ湿地の整備がおこなわれ、棚田《たなだ》の復元と「横沢入タンボの会」による稲作が復活しています。地元の増戸小学校は農業体験学習の場としており、タンボの会は「東京「農」の風景・景観賞」も受賞しています。

伊奈石石切場遺跡

あきる野市横沢

map 5

標高三一四メートルの天竺山《てんじくさん》から唐松山《からまつやま》にかけての砂岩地層に、東西一・六キロ、南北一・四キロの範囲に採掘坑四六カ所、テラス（平場）九六カ所、ズリ（廃石）場一四カ所が存在し、石臼未成品・五輪塔未成品・矢穴のある石多数が散布しています。

最古の伊奈石石造物は、暦応《りゃくおう》元年（一三三八）銘の宝篋印塔《ほうきょういんとう》です。また応永二年（一三九五）の伊奈石板碑《いたび》もあることから、ここは一四世紀南北朝時代から粗粒砂岩の伊奈石を採石した遺跡であることは明らかです。

伊奈石板碑は舟底形の駒形《こまがた》板碑ともいわれ、五日市を中心に多摩

横沢入里山保全地域　49haが保全地域に指定され、あきる野市と横沢入里山管理市民協議会が共同で環境整備とさまざまな学習活動をし、タンボの会による稲作が復活しています。

谷戸田の稲作

Zoom Up

伊奈石の採石

伊奈石石切場遺跡は、中世・近世の採石遺跡として東日本では大規模な遺跡です。

岩盤から石を切り出した露《ろ》頭《とう》掘りや、地層にむかって岩盤を縦に掘るすり鉢状の竪坑《たてこう》があり、石材を加工する石工の作業場があったテラスがつくられています。周囲には矢穴石やズリ、石造物未成品が多数散布しています。木ソリを使って石材を引き下ろした石切道も富田ノ入《とみたのいり》に確認できています。

江戸後期の『新編武蔵風土記稿』多摩郡伊奈村の項に「村名の起こるところを尋ぬるに、往古《おうこ》信濃国伊奈《いな》郡より石工《いしく》多く移り住みて、もっぱら業を広くせし故に村名となせり。天正一八年御入国《ごにゅうこく》の後、江戸御城石垣などの御用をつとむと云えり」とあります。

採石の最盛期は江戸時代前・中期で、江戸中期には採掘坑が掘りつくされて、山中の池になっていたことがわかっています。石工は八一人いましたが一七九七年（寛政九）に廃業し百姓になりました。

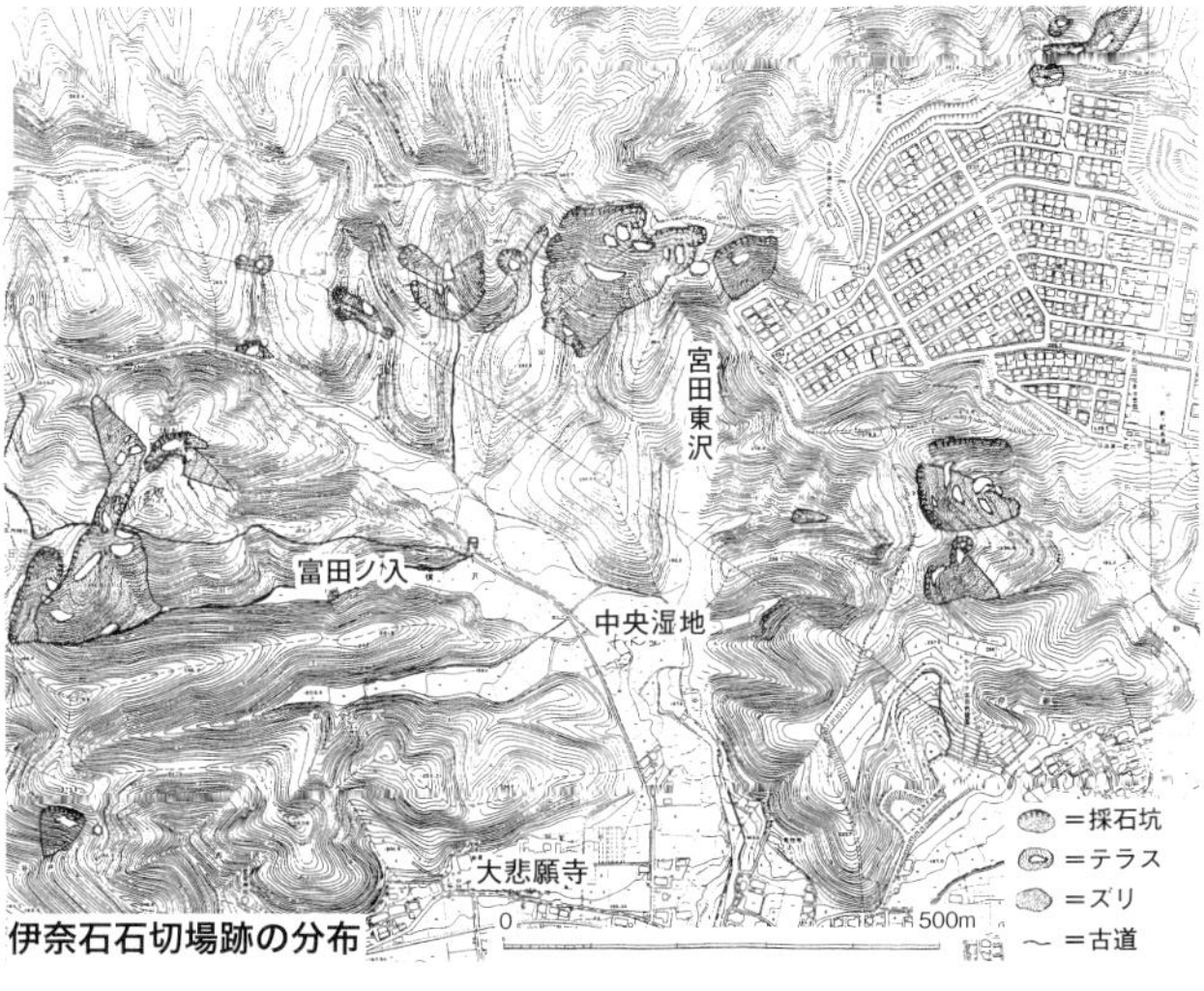

伊奈石石切場跡の分布

全域に分布する地域色の強い板碑で、六〇例が知られています。
伊奈石の製品では石臼がとくに有名で多摩全域で使われました。「臼は伊奈石　新町小麦　挽けば挽くほど　粉がでる」という臼挽き歌が多摩に伝わっています。

伊奈石石切場遺跡の見学では、富田ノ入から沢の奥まで西へ向かい、整備された山道を上って、天竺山東尾根のテラスを歩き、石山池の採掘坑で矢穴石と山神社の碑を観察し、天竺山頂（標高三一四メートル）の三内神社を経由して北尾根をたどり、林道に出るのがよいでしょう。

ただし天竺山東石切場周辺は狭く切りたった山道で、夏の時期には草が繁茂しているので行きと同じ道を戻るのもよいでしょう。横沢入の伊奈石石切場遺跡見学だけで二時間はかかります。

さて、横沢入の中央湿地には案内図があり、ホタルの生息する横沢川が瀬音を立てて流れています。また横沢川には「戦車橋」といわれる鉄製牽引《けんいん》車の車体が橋として二カ所にかかっています。敗戦間近になって、陸軍が横沢入に物資を貯えるための地下壕を二七カ所掘っていますが、そのときに使われた戦車の一部です。

釜ノ久保には、近世の炭焼き窯跡が保存されています。

横沢入からは秋川街道を三内へ出て、武蔵五日市駅前を経由し、

伊奈石の会の石造物調査　伊奈石の会は横沢入の石切場遺跡と伊奈石工・石造物の調査、里山保全活動を進める歴史環境保全団体で、市民と歴史研究者、石仏研究者、教員などが参加しています。

石山池の矢穴石　石の上部に、石を切り出すために打たれた矢穴の痕がみえます。

五日市街道の町並みをへて北へ曲がると都立五日市高校です。

五日市高校内遺跡

あきる野市五日市八九四

map 6

五日市高校には、縄文時代の遺跡があり、校門に文化財説明板が立っています。この五日市高校内遺跡は一九五一年、校庭整備のおりに縄文後期・晩期の土器・石器が発見され、一九七三年には後期安行《あんぎょう》Ⅰ式期の敷石住居址《しきいしじゅうきょし》が発掘されました。ことに後期の土偶《どぐう》と晩期の土製耳飾《どせいみみかざり》は注目される遺物で、指定文化財になっています。

五日市郷土館

あきる野市五日市九二〇―一

map 7

五日市高校の西側に、あきる野市五日市地域の考古・歴史・民俗・地質をあつかう五日市郷土館があります。

留原《ととはら》遺跡の縄文土器・伊奈石板碑・戸倉城跡模型をはじめ、五日市憲法草案、古生代～新生代の岩石・化石、海獣パレオパラドキシア上顎骨《じょうがくこつ》などを展示しています。館外には江戸時代末期の旧市倉家住宅が移築され、民具の体験学習の「さわれる土曜日」や年中行事が催されています。

五日市郷土館からは五日市街道の町並みを通って武蔵五日市駅へ戻ります。

五日市郷土館ガイド　開館時間：9時30分から16時30分まで。入館料：無料。休館日：火・水曜日、祝日。連絡先：042（596）4069。

五日市高校内遺跡の耳飾
蛇と人体の文様を線刻で描写した、径8cmの大形円盤状土製耳飾です。

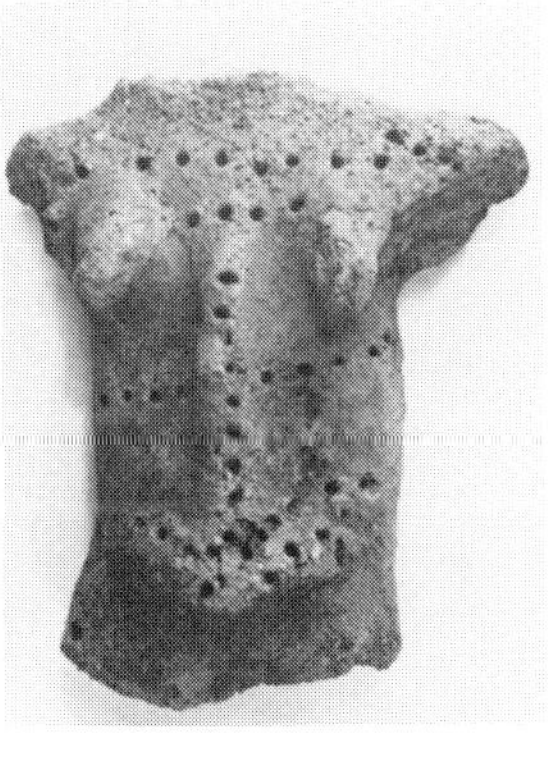

五日市高校内遺跡の土偶
胴体の部分で、平行沈線文が施されています。

Zoom Up

檜原村郷土資料館・中之平遺跡

　JR武蔵五日市駅から秋川沿いをバスで上流へむかうと、檜原村《ひのはらむら》役場のところで道は北と南に分かれます。北秋川沿いに進み、払沢《ほっさわ》の滝入口をすぎると、白倉のバス通り北に、檜原村郷土資料館があります。

　この郷土資料館には檜原村の歴史および民俗・自然・観光に関する展示室があり、山村文化のガイダンスと地域のコミュニティ施設をかねています。

　縄文から中世・江戸の考古・歴史資料、そして養蚕や煮炊き用の鉄釜などの民具類が展示され、九割が森林でおおわれ、林業と製炭が主産業であった檜原村の歴史を知ることができます。また、檜原村の自然と暮らしのマルチスライド、民話と伝説をつづっ

檜原村郷土資料館ガイド　開館時間：9時30分から17時まで（12月～3月は10時から16まで）。入場料：無料。休館日：火曜日。交通：JR武蔵五日市駅から西東京バス藤倉行き27分「郷土資料館前」下車。連絡先：042（598）0880。縄文から江戸時代の石器や土器、村に伝わる古文書、養蚕などの農耕具を展示・保管しています。

たマルチスライドや歴史と自然の映像が映されています。

たとえば、数馬《かずま》の獅子舞は、五穀豊穣、家内安全を祈願する江戸中期にさかのぼる民俗文化財です。雄獅子が雌獅子を奪い合う三匹の風流系獅子舞で、九頭龍《くずりゅう》神社の秋例祭に奉納されています。

また村内の数馬や人里《へんぼり》には甲斐の系統を引く兜造《かぶとづく》り入母《いりも》屋《や》の草葺き民家が各所に残っています。

考古資料では、縄文時代早期の中之平《なかのだいら》遺跡の縄文土器と石器が見どころです。

中之平遺跡は、御前山《ごぜんやま》の中腹の標高九五〇メートルにある、東京では雲取山《くもとりやま》の小雲取《こくもとり》山《やま》遺跡につぐ最高地にある遺跡です。檜原村藤原の中組にあり、藤原部落から猿江《さるえ》をすぎ御前山登山路を一時間ほど登った、南向きの小さな平らな尾根に遺物が散布しています。

一九七三年の吉田格・東京学芸大の調査で、炉穴《ろあな》と貝殻条痕文土器・石《せき》鏃《ぞく》・石匙《いしさじ》が発見されました。約七〇〇〇年前の縄文早期に狩猟活動のキャンプ地としてつくられた遺跡で、「上昇期」といわれる縄文人の浸透力の強さを示す遺跡です。

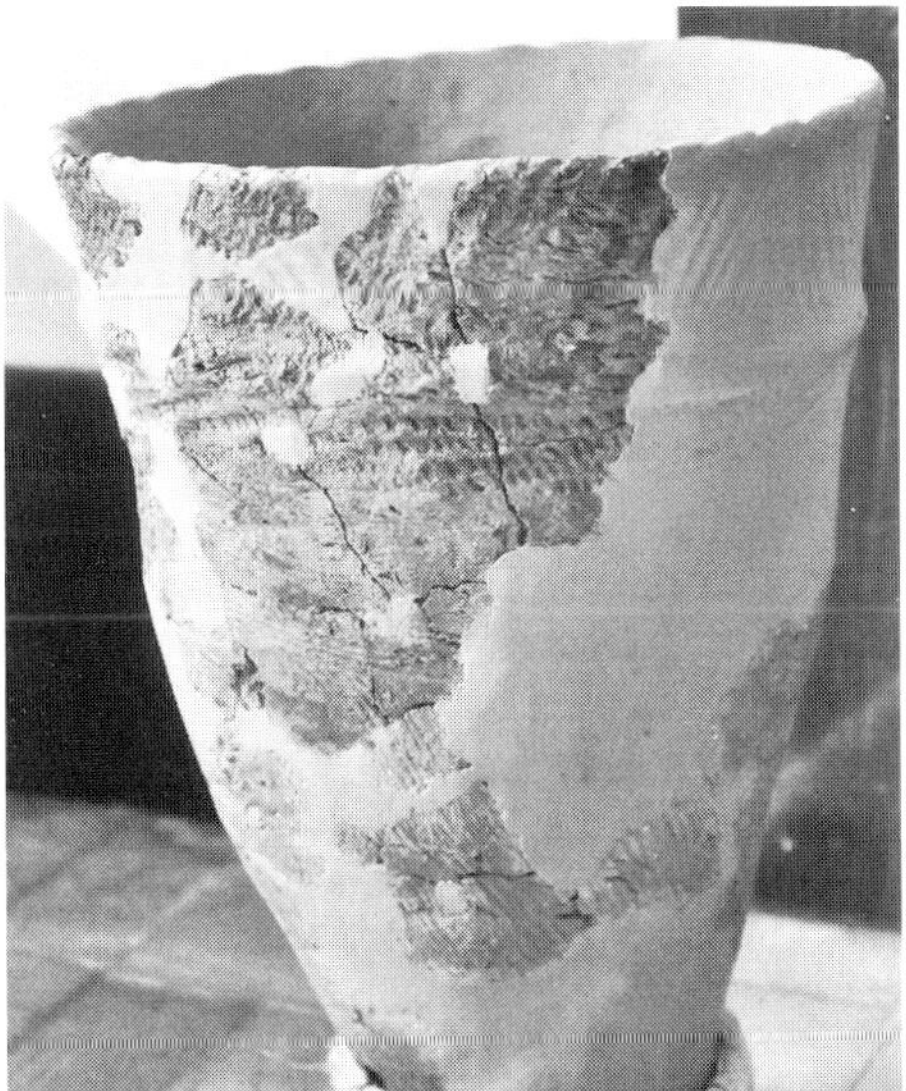
中之平遺跡出土の縄文早期の条痕文土器

檜原村は、森林浴にも適した自然の宝庫で、温泉「数馬の湯」もあり、素朴な人びとに接することができます。

④ 加住丘陵の遺跡を歩く

八王子北部の加住丘陵や川口川流域の遺跡・古墳・古墳時代集落・城郭を歩き、自然に親しむコース。美しい自然に囲まれた滝山城と中田復元住居が見どころ。

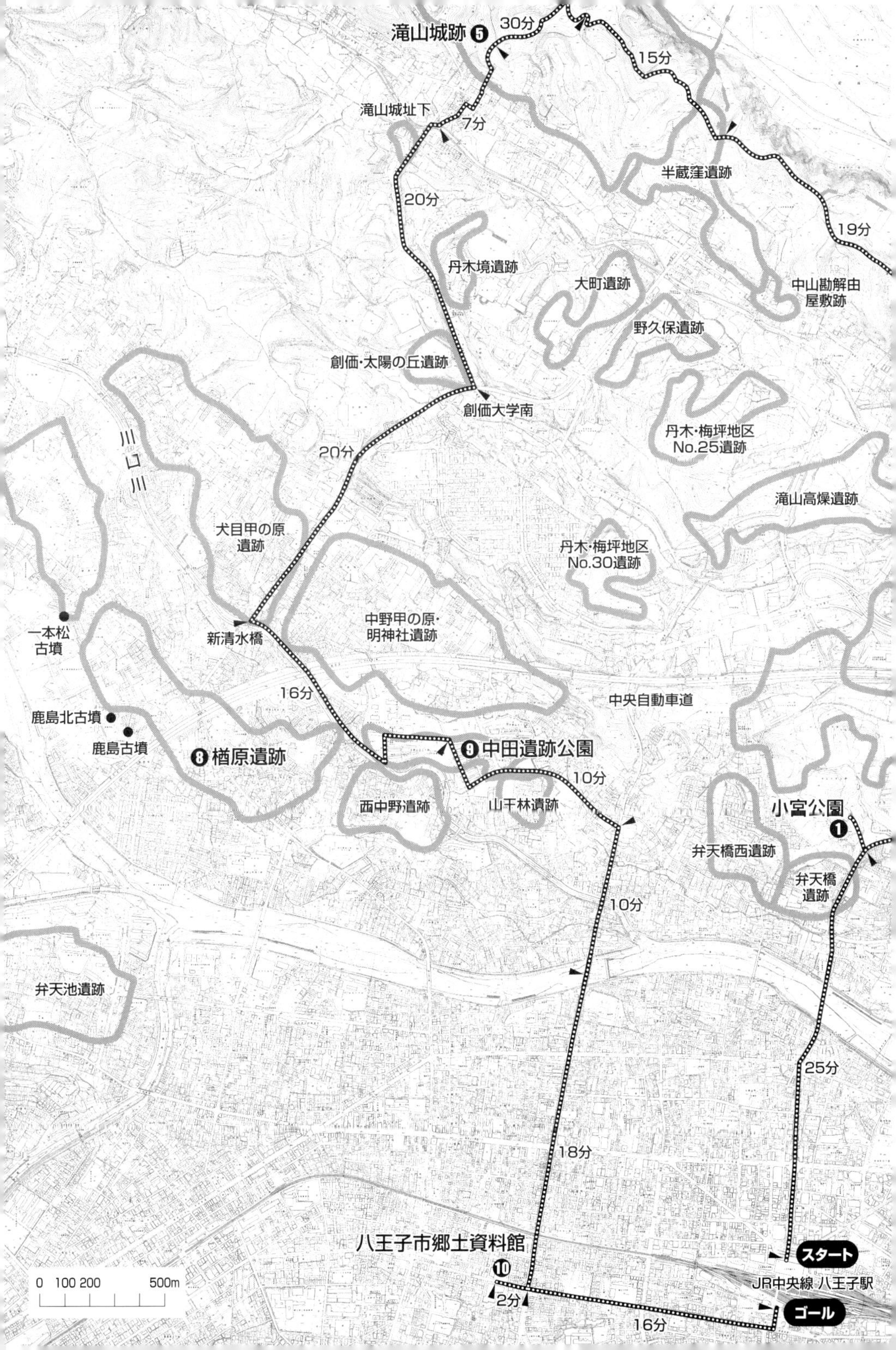
滝山城跡 5
30分
15分
滝山城址下
7分
半蔵窪遺跡
20分
19分
丹木境遺跡
大町遺跡
中山勘解由
屋敷跡
野久保遺跡
創価・太陽の丘遺跡
創価大学南
丹木・梅坪地区
No.25遺跡
20分
川口川
滝山高燥遺跡
犬目甲の原
遺跡
丹木・梅坪地区
No.30遺跡
一本松
古墳
新清水橋
中野甲の原・
明神社遺跡
16分
中央自動車道
鹿島北古墳
鹿島古墳
8 楢原遺跡
9 中田遺跡公園
10分
西中野遺跡
山王林遺跡
小宮公園
1
弁天橋西遺跡
弁天橋
遺跡
10分
弁天池遺跡
25分
18分
八王子市郷土資料館
10
スタート
0 100 200 500m
JR中央線 八王子駅
2分
ゴール
16分

map 1 小宮公園

八王子市暁町二丁目四一・大谷町

JR八王子駅・京王八王子駅から北へ二キロ、桑並木通りから浅《あさ》川《かわ》大橋を渡り、ひよどり山トンネルの一本東側の道を入り、切り通しを抜けると、都立小宮公園に出ます。

雑木林が広がる小宮公園は、大谷沢《おおやざわ》の沢地《さわち》と大谷弁財天池《べんざいてんいけ》、ひよどり山草地からなっていて、沢地には木道《もくどう》がめぐっています。大谷弁財天池は江戸時代、天明《てんめい》の飢饉《ききん》の際に八王子千人同心《せんにんどうしん》荻原《おぎわら》氏が開削した池です。鴨が泳ぐ池のほとりには、赤い祠《ほこら》が建っています。標識はありませんが、大谷沢を囲むひよどり山は縄文早期・古墳時代の集落跡の北大谷《きたおおや》遺跡です。

map 2 北大谷古墳

八王子市大谷町

小宮公園南口から東へ大善寺《だいぜんじ》と機守《はたがみ》神社をすぎると、南に大谷緑地保全地域の標識がみえます。ここで、農道を北にたどり三〇〇メートル上がると、八王子の原風景をとどめる畑地が広がる加住《かすみ》南丘陵です。丘陵の南端に林があり、小高い墳丘になっています。標識はありませんが、都旧跡の北大谷《きたおおや》古墳です。この古墳は一八九九年（明治三二）に発掘されました。石室《せきしつ》は凝灰岩《ぎょうかいがん》の切石積《きりいしづ》み横穴式《よこあなしき》

小宮公園の風景　標高160mのひよどり山の丘から沢地にかけてコナラ・クヌギ・エゴノキなどの雑木林が広がり、キツネノカミソリなどの野草が生え、ジョウビタキなどの小鳥がさえずる四季の彩り豊かな里山公園です。公園内サービスセンターのある雑木林ホールでは、植物・野鳥の標本・写真を展示し、野鳥の望遠鏡観察もできます。

石室です。胴張り《どうば》（玄室の中央が三味線の胴のように丸くカーブしている）をもつ玄室《げんしつ》の前に石室が二つある三室構造の特異な形態で、三鷹市天文台構内古墳と類似し、古墳時代後期、七世紀前半の首《しゅ》長《ちょう》の墳墓《ふんぼ》と考えられます。副葬品はみつからず、前庭部《ぜんていぶ》で土師器《はじき》坏《つき》が出土しています。石室が大きく崩壊していたため、現在は埋められています。北大谷古墳の北側から小宮公園にかけてが北大谷遺跡で、UR都市機構の買収地が多いため、草地と畑地になっています。

宇津木向原遺跡

八王子市宇津木町

map 3

中央自動車道八王子料金所から八王子インターチェンジあたりには、宇津木向原《うつぎむかいはら》遺跡がありました。一九六四年に、國學院大學・早稲田大学・立正大学・多摩考古学研究会で構成される中央道遺跡調査団（大場磐雄《おおばいわお》団長）が発掘調査しました。

弥生後期の集落・墳墓遺跡で、五四軒の竪穴住居址《たてあなじゅうきょし》とともに、溝で四角く囲まれた墓が五基みつかり、日本ではじめて「方形周溝《ほうけいしゅうこう》墓《ぼ》」と命名されました。底に穴があいた弥生土器壺や埋葬施設の土《ど》坑《こう》に副葬された青色ガラス玉・小型青銅鏡は、八王子市郷土資料館に展示されています。しかし、遺跡は「記録保存」調査で消滅し、現在は記念碑すら残っていません。

北大谷古墳　直径29m、高さ2mの円墳で、都旧跡に指定されていますが、案内板はありません。文化財標識を立てる必要があるでしょう。

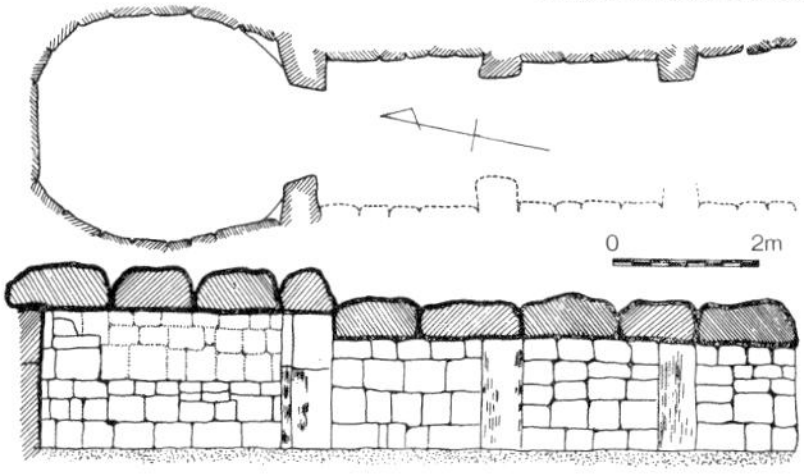

北大谷古墳の石室図　長さ7mの切石積み胴張り複室の横穴式石室です。

宇津木台遺跡群

八王子市久保山町・小宮町・宇津木町

map 4

北大谷遺跡からインターチェンジのループの下をくぐり、16号バイパスを北西に行くと左入《さにゅう》交差点です。バイパス北側の久保山《くぼやま》町・小宮町・宇津木町に広がる宇津木台団地には、宇津木台遺跡群がありました。土地区画整理事業で宇津木台地区調査団が調査した宇津木台の一四カ所の遺跡です。

なかでも加住北丘陵の東尾根には、一九八一年に発掘された小宮古墳がありました。直径二〇メートルの円墳です。埋葬施設は川原石積み横穴式石室で、七世紀前半の古墳です。加住丘陵には、切石積み石室の北大谷古墳と川原石積み石室の小宮古墳とが同じ時期にあり、埋葬された首長の階層の違いがわかります。宇津木台遺跡群の出土品も、八王子市郷土資料館に保管されています。

16号線道路の西武滝山台《たきやまだい》バス停から加住北丘陵へ上り、かたらいの路滝山コースを西へ歩き、気持ちのよい雑木林の尾根路をたどり、少林寺《しょうりんじ》をすぎて古峰ヶ原《こみねがはら》園地《えんち》を経由すると、都立滝山《たきやま》公園です。

滝山城跡

八王子市高月町・丹木町・滝山町

map 5

都立滝山公園の丘陵は、アカマツ・クヌギ・コナラ・サクラ・ヤ

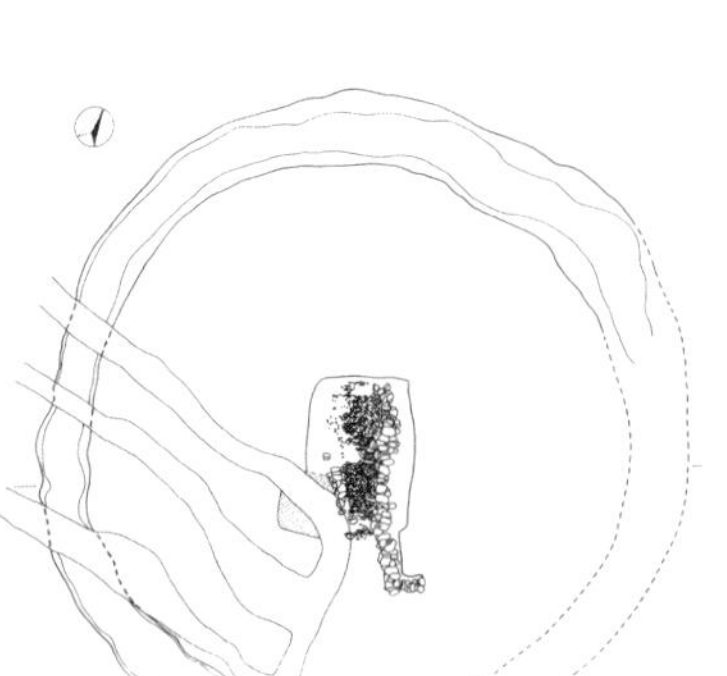

宇津木台遺跡群の小宮古墳　直径20mの円墳で、その中央に長さ7mの川原石積み胴張り横穴式石室が発掘されました。

宇津木向原遺跡の方形周溝墓の調査　方形周溝墓と命名されたはじめての墳墓です。

マツツジ・ニリンソウの林におおわれ、春は桜、秋には紅葉、そして多摩川の景観を北に一望する美しい景勝地です。

ここは中世、滝山城があったところです。滝山城は、武蔵国守護代で、山内上杉《やまのうちうえすぎ》氏の重臣であった大石定重《おおいしさだしげ》とその子、定久《さだひさ》が築城しました。定重は、滝山城北東の高月《たかつき》城を居城としていましたが、一五二一年（大永元）頃に滝山城に移りました。一五四六年（天文一五）の河越夜戦で北条氏康《うじやす》が扇谷《おうぎがやつ》上杉氏を滅ぼし武蔵国を支配下におさめたため、大石氏は北条氏に降り、定久は氏康の三男、氏照《うじてる》を娘婿に迎えて隠居し、氏照は一五六三（永禄六）～六七年（永禄一〇）頃に浄福寺《じょうふくじ》城をへて滝山城に入城し、一五八二年（天正一〇）以降の八王子城移転まで居城しました。

一五六八年（永禄一一）、武田晴信の駿河討ち入りにより北条氏と武田氏は緊張状態に入り、氏照は武田勢の侵入に備えます。翌六九年、武田勢は上信国境の碓氷《うすい》峠から関東に侵入し、滝山城へ向かいました。武田軍は多摩川をはさんで、滝山城の対岸の拝島《はいじま》に布陣し、はげしく攻勢をかけ三の丸まで迫りましたが、勝沼城の師岡山《もろおかやま》城守《しろのかみ》らの防戦で二の丸を攻めることはできませんでした。滝山城の守りが固かったために、武田軍は退き、小田原城へ向かったあと、三増峠《みますとうげ》の戦いで北条軍に勝ちました。

滝山城の本丸跡　滝山城は、標高170mの起伏の激しい丘陵を、長径800mの縄張りの中にとり込んだ平山城で、30の曲輪で構成されています。縄張り図は作成されていますが、発掘調査はほとんど進んでいません。

滝山公園古峰ヶ原園地　多摩川と秋川の合流点の南側に広がる加住丘陵にあり、都立滝山自然公園の一部です。ソメイヨシノ、ヤマザクラ5000本が春を彩る桜の名所としても知られています。

Zoom Up

中世城郭の歴史と遺構

中世の城は、平安時代後期に発達した武士の方形居館《ほうけいきょかん》から発展し、平野・台地の城館《じょうかん》をへて、鎌倉時代末期には、丘陵や山の尾根に戦略拠点を構築する山城《やまじろ》に変わりはじめます。

南北朝時代から室町時代になると、領主である武士は、平時は居館にすみ、戦時には丘陵や山地に複数の区画をつくって「詰めの城」として立て籠もるようになります。

戦国時代には、山城そのものに支配の拠点と戦いの拠点を統合した大規模な城郭が発達します。また低い丘陵を利用した丘城も、利便性を重んじて築かれました。

織田信長の安土城以降、戦いの場である中世城郭は、石垣と天守を築造し、城主の権威を誇示する「統治の場」としての近世城郭となってゆきました。

さて、中世城郭にはさまざまな施設が構築されています。多摩の城跡を理解するために、城郭遺構の用語を簡単に説明しておきましょう。

縄張《なわば》り：城の平面構造のこと。築城の際、縄を張って設計したことから、城をどのような区画で構成するかという築城計画をいいます。

曲輪《くるわ》：尾根や傾斜を造成して平坦面とし、土塁《どるい》・柵・堀で囲み、建物などを構えた一つの区画をいいます。郭とも書き、近世城郭では丸と称しました。

虎口《こぐち》：城の出入口、または城内部にある各曲輪の出入口のこと。入口の外側を土塁で囲む、半月形の「丸馬出《まるうまだし》」やコの字形に囲む「角馬出《かくうまだし》」がつくられることもあります。

土橋《どきょう》：城の出入口である虎口に設けられたもので、一般的には郭周辺の空堀の一部を掘り残して橋にします。

搦手《からめて》：城の裏手口。

土塁：堀を掘った土を盛って築き上げた堤のこと。防御壁、または敵を攻撃する際の攻撃台として、土を突き固め、土手状に盛り上げたもので、堀切《ほりきり》・竪堀《たてぼり》の内側や曲輪の周囲に築かれます。

堀切：尾根伝いに侵入する敵を防ぐため、尾根をV字形または逆台形に掘り込んだもの。堀切には木橋や土橋を架け、城の内側には防御のための櫓台《やぐらだい》や門がつきます。

竪堀：斜面に放射状に縦に切った堀。敵が横に移動できないように構築される。

井戸：城内の水が湧く地につくられた井戸は重要な施設で、素掘りまたは石積みでつくられています。

櫓台：丘上につくられ物見のために櫓を建てた一段高い施設。狼煙場《のろしば》を兼ねることもありました。

腰曲輪《こしぐるわ》：曲輪の外側の中腹を巻いている帯状に低い段状の削平地。平場とよばれるテラス状の平坦地が複数みられる場合もあります。

根小《ねご》屋《や》：城主や武士の居住地区。城主は平時は主郭に居住せず、郭の麓につくられた根小屋で生活し、戦時になると城に籠もりました。

滝山城の場合は、山城の南側に根小屋地区がありました。

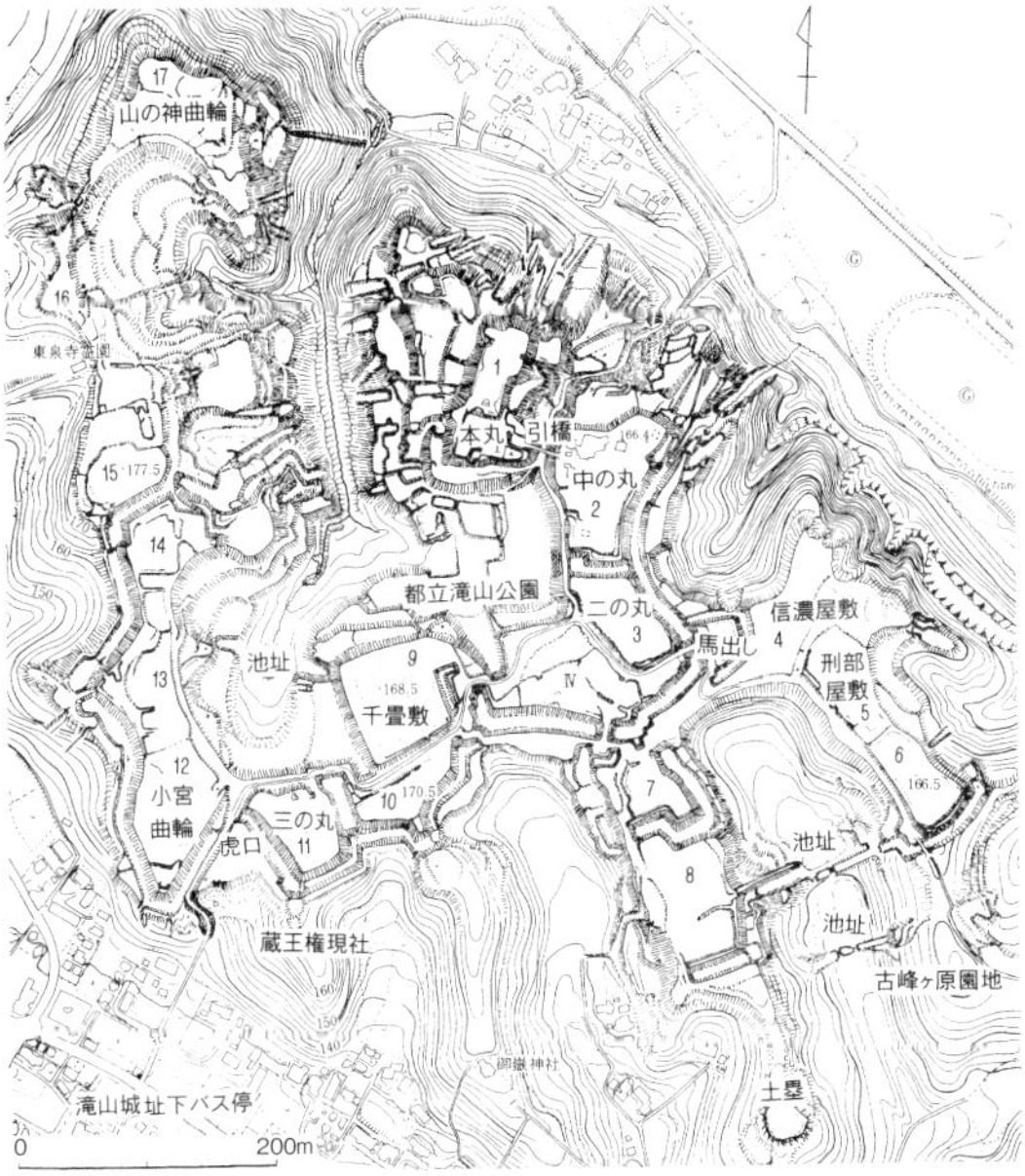

滝山城跡縄張り図

この滝山合戦の後、氏照はより堅固な要害《ようがい》を求め一五八二年（天正一〇）頃、深沢山《ふかざわやま》の八王子城へ移り、滝山城は廃城となりました。

滝山城跡は入会林《いりあいりん》であったため遺構の保存状態は良好で、一九五一年に国史跡に指定されています。石垣も天守閣もない中世の山城の遺構を観察し、家臣屋敷、馬出《うまだし》から二の丸、本丸、三の丸を経由して、南の加住町一丁目の滝山城址下バス停へ下ります。

滝山城址下からは、丹木《たんぎ》三丁目信号を左折し、創価大学構内と創価大南を経由して中野町の新清水橋へ四〇分で行きます。

新清水橋の下を流れるのは浅川の支流で、八王子市北西部の加住南丘陵と川口丘陵の間を流れる川口川です。この川口川の流域には、有名な縄文中期の遺跡が密集しています。犬目町の中原《なかはら》遺跡・川口町の宮田《みやた》遺跡・楢原《ならはら》町の楢原遺跡と、勝坂《かつさか》期から加曽利《かそり》E期の大集落が二キロをへだてて並んでいます。これらの川口川流域の縄文遺跡は大部分が開発されてしまい、遺跡は保存されていません。

6 中原遺跡

八王子市犬目町

中原遺跡（章扉の地図範囲より西側。次の宮田遺跡も同）は、一九六〇～六二年に渡辺忠胤《ただつね》らが発掘し、縄文中期（勝坂期）の竪穴住居址五軒を調査しました。C号住居址からは五個体の深鉢《ふかばち》・浅《あさ》

上：空堀、下：中の丸と本丸をつなぐ引橋

標高170mの滝山城からながめる多摩川

鉢《ばち》・甕《かめ》、それに台形の土製品《どせいひん》・土偶《どぐう》・耳飾《みみかざり》・ペンダント・石皿《いしざら》・打《だ》製石斧《せいせきふ》が集中して出土し、呪術師《じゅじゅつし》の家と推定されます。中原遺跡は上犬目《かみいぬめ》の八王子カントリー倶楽部のゴルフ場南部になっています。

宮田遺跡

map 7

八王子市川口町

宮田遺跡の勝坂期住居址から出土した土偶は、子どもを抱いて横座りした母親の姿をしています。頭部は欠けていますが、乳児や腹部は写実的に表現されています。縄文時代の母と子のあたたかい姿を偲ばせる、すぐれた芸術作品です。

宮田遺跡は現在宅地になっていて、標識もありません。

楢原遺跡

map 8

八王子市楢原町

楢原遺跡は、一九二九年（昭和四）に八王子の陵東土俗《りょうとうどぞく》研究会に属する安西英男《あんざいひでお》・小松芳盛《こまつよしもり》、秋川の塩野半十郎《しおのはんじゅうろう》らが、自費で発掘した遺跡です。さらに東京府史跡調査係の後藤守一《ごとうしゅいち》が一九三一年（昭和六）に発掘し、勝坂期の竪穴住居址を調査しました。その後、一九六五年に中央道遺跡調査団・國學院大學考古学研究室が発掘し、勝坂期の住居址や土偶を発見しました。楢原遺跡は中央自動車道路と宅地になって現在は消滅しています。

宮田遺跡出土の子抱き土偶
頭部が欠けていますが、子を抱いて横に座った母親の姿で、授乳させている乳児や腹部は写実的に表現されています。重要文化財指定。

中原遺跡出土の顔面把手付土器
磨り消し縄文をもつ甕の上につけられた把手の内側に、人の顔が描かれています。切れ長の目、とがった鼻、口を表現した完全な土器としてめずらしいものです。

川口川周辺の景観

中田遺跡公園

八王子市中野山王三丁目一二

map 9

中野町一帯は甲《こう》の原《はら》遺跡です。川口川《かわぐちがわ》沿いに中野団地を東へ進み、中田《なかだ》遺跡公園に行きます。

中田遺跡は川口川の左岸、河岸段丘に沿う都営中野団地の一角で、中野北小学校の西にありました。縄文時代中期と古墳時代・奈良・平安時代の大集落です。古墳時代後期の大形住居が遺跡公園として団地内に復元されています。

一九六六年、団地造成の緊急調査として中田遺跡調査団（岡田淳《おかだじゅ》子《んこ》団長）によって、当時としては大規模な約三ヘクタールの発掘調査がおこなわれました。調査の結果、縄文時代から奈良・平安時代までの一四六軒の竪穴住居址が確認されました。調査は明治大学・早稲田大学・多摩考古学研究会が連日参加し、学部学生だったわたしも参加して、住居址内の遺物の掘り上げや測量に汗を流しました。

遺跡は古墳時代後期、六、七世紀の住居が大半を占め、土師器の鬼高《おにたか》期の壺・長甕・坏《つき》・高坏《たかつき》が住居の貯蔵穴《ちょぞうけつ》や竈《かまど》から累々と出土しました。土師器のほかに須恵器《すえき》・勾玉《まがたま》・紡錘車《ぼうすいしゃ》・刀子《とうす》・鉄鎌《てつがま》・鉄《てつ》鍬《ぐわ》・炭化米なども出土しています。

中田遺跡は、土師器の編年研究や古代農耕集落の構造・変遷研究

中田遺跡の全景　上方にみえる川口川に沿った台地上に集落が展開しています。方形にみえるのが竪穴住居址です。

楢原遺跡出土の土偶土鈴

に大きな進歩をもたらした関東最大級の規模をもつ集落跡です。最近、団地西側にも新しく住居址が発掘され、さらに集落は広がっていたことがわかっています。

八王子市郷土資料館

八王子市上野町三三

map 10

さて、中野団地から16号線道路を南に向かって二キロ歩き、中央線の踏切を越えると市民会館前の八王子市郷土資料館に着きます。

中央道で発掘された遺跡調査資料があったこと、陶芸家井上郷《ごう》太《た》郎《ろう》コレクションが寄贈されたこと、そして多摩考古学研究会や市民の歴史資料保存の運動が契機となって、一九六七年に八王子市郷土資料館は開館しました。

栖原遺跡の縄文土偶、宇津木向原遺跡のガラス玉、宇津木台遺跡群、中田遺跡、椚《くぬぎ》田《だ》遺跡群、御殿山窯跡群、谷野《やの》瓦《かわら》窯跡、中山白山神社経塚、滝山城跡、八王子城跡などの考古資料や、千人同心関係古文書、蚕《さん》糸《し》や農耕関係の民俗資料などを調査・研究・収集・展示しています。豊富な図録や紀要も販売されており、多摩地域では老舗《しにせ》の歴史博物館となっています。

郷土資料館から東へ一八分で八王子駅南口に着きます。なお考古資料は、台《だい》町《まち》の市教育センターにも保管されています。

八王子市郷土資料館ガイド　開館時間：9時から16時30分まで。入館料：無料。休館日：月曜日。交通：JR八王子駅北口から山田駅経由法政大学行・東京家政学院行・上大船行バスで「市民会館」下車、徒歩3分。またはJR八王子駅南口より徒歩15分。連絡先：042（622）8939。

中田遺跡公園の古墳時代復元住居　一辺8mの正方形の竪穴住居址で、北に粘土の竈、南中央の入口部に貯蔵穴、壁側に柱穴が12カ所あります。茅葺きの寄棟式上屋、入口屋根は切妻式で、渡辺保忠の設計で復元されました。公園管理人に申し出れば内部の見学可。開園時間：9時から16時まで。休園日：月曜日。連絡先：042（620）7405。

⑤ 戦国北条氏の山城を歩く

小田原北条氏が武蔵国支配の拠点とした室町・戦国時代の山城を歩くコース。八王子城は日本百名城のひとつ。山地の遺構を探訪するためハイキングの装備が必要で、やや健脚向き。

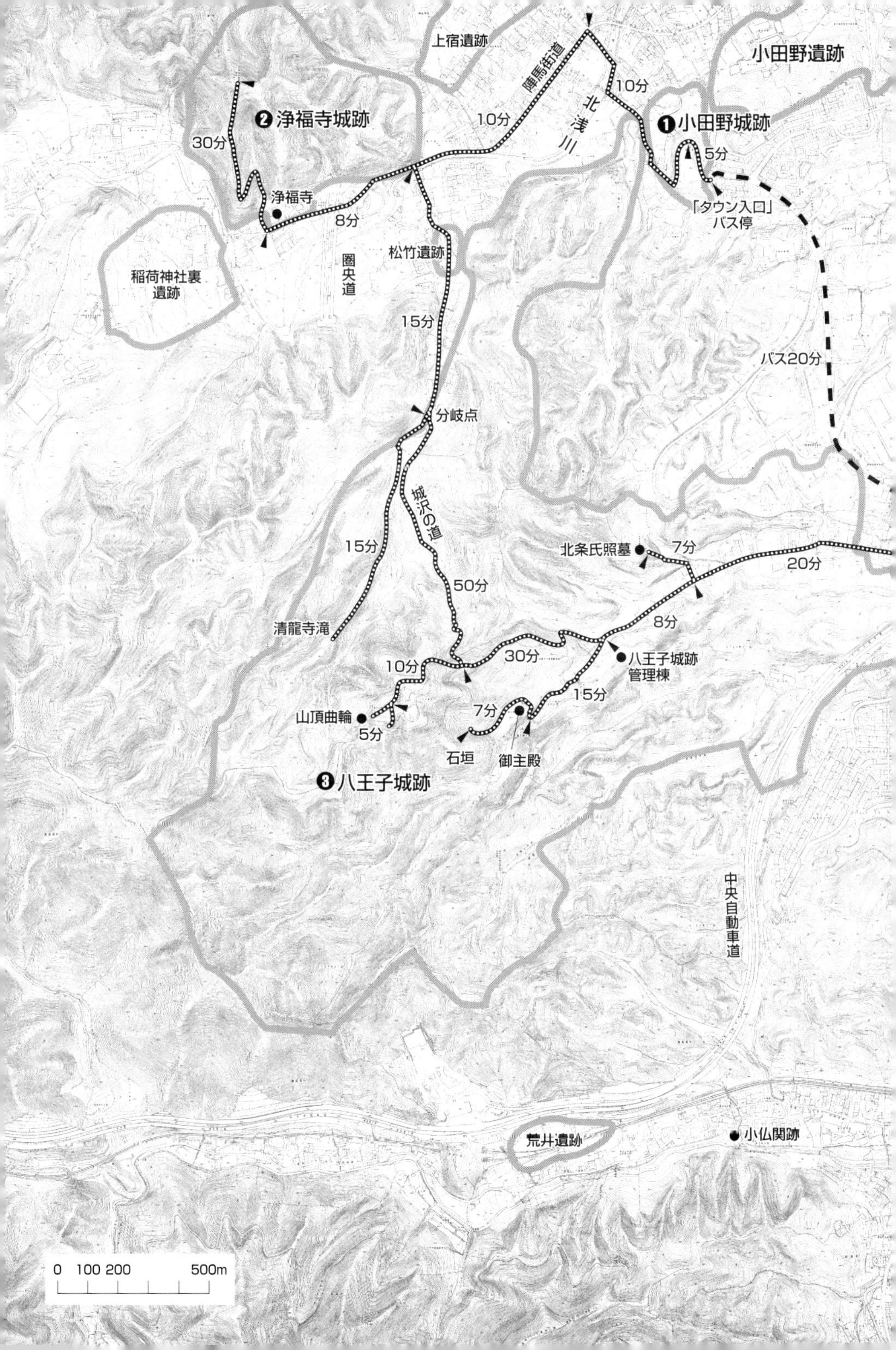
上宿遺跡
小田野遺跡
陣馬街道
10分
北浅川
❶小田野城跡
5分
「タウン入口」バス停
❷浄福寺城跡
30分
10分
浄福寺
8分
稲荷神社裏遺跡
圏央道
松竹遺跡
15分
バス20分
分岐点
城沢の道
15分
北条氏照墓
7分
20分
50分
8分
清龍寺滝
八王子城跡管理棟
10分
30分
15分
7分
山頂曲輪
5分
石垣
御主殿
❸八王子城跡
中央自動車道
荒井遺跡
小仏関跡
0 100 200 500m

小田野城跡

八王子市西寺方町・下恩方町

map 1

JR・京王線高尾駅北口から西東京バス、高尾の森わくわくビレッジ行きか、陣馬《じんば》高原下・大久保行きで一五分、タウン入口バス停で下車します。小田野《おだの》トンネルの西側をグリーンタウン高尾住宅地の間を上がっていくと、文化財標示板のある観栖寺台《かんせいじだい》公園です。この公園の西が小田野城跡《おだのじょうあと》です。

小田野城は戦国時代の平山城《ひらやまじろ》で、案下道《あんげみち》（陣馬街道）を見下ろす丘陵に築城されました。空堀《からぼり》を上ると曲輪《くるわ》、土塁《どるい》、土橋《どきょう》、空堀の遺構が残っているのがわかります。高い主郭《しゅかく》は現代に削られてしまいました。江戸後期の『武蔵名勝図会《むさしめいしょうずえ》』では、北条氏照《うじてる》の家臣である小田野源太左衛門《おだのげんたざえもん》の居館跡と記されていますが、築城者は不明です。

一五九〇年（天正一八）の豊臣秀吉の小田原北条攻めで、豊臣方の軍勢が八王子城を攻撃する直前、小田野城は上杉景勝《かげかつ》の軍勢に攻め落とされたと伝えられています。

一九七八～八〇年に、道路建設に先だって深沢《ふかざわ》・小田野城遺跡調査会による小田野城跡の発掘調査がおこなわれました。遺構が確認され、中世の陶磁器片・古銭・鉄砲の弾などが出土したため、道路開削は変更され、トンネルで通すことになりました。

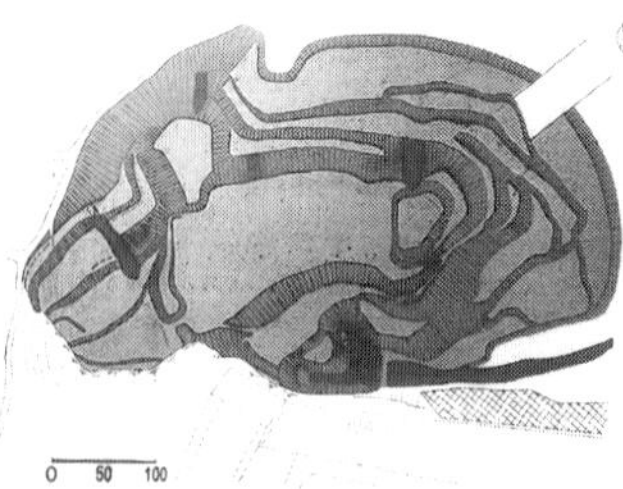

トンネル道路で保存された小田野城跡　秀吉の北条攻めの際に、上杉景勝軍に攻め落とされたと伝えられています。

左上：小田野城跡の主郭
左下：標示板にある小田野城全体図

一九八三年、小田野城跡は八王子城跡の一部として国指定史跡として保存されることになりました。地形をみると、小田野城は八王子城の北東にのびる山地にあります。八王子城の出城の一角だったのです。

小田野城の丘から北西へ下ると、心源院《しんげんいん》があり、入口には寛政七年（一七九五）の馬頭観音《ばとうかんのん》の石塔が立っています。さらに川原宿《かわらじゅく》を曲がり、陣馬街道を西へ松竹《まったけ》交差点まで行くと、西側に圏央道の人工的な構築物が縦断し、北が浄福寺城跡《じょうふくじじょうあと》、南が八王子城跡松竹登山口となります。

浄福寺城跡

八王子市下恩方町

map 2

北浅川《きたあさかわ》の恩方《おんがた》事務所バス停の前に、千手山浄福寺《せんじゅさんじょうふくじ》があります。本堂には室町時代の千手観音厨子《ずし》が安置されています。寺の北側にある浄福寺城の見学は、墓地の北から上り、千手山頂（標高三五六メートル）までの片道約三〇分の道のりです。

浄福寺城跡は山頂を削り主郭を設け、急峻な数条のやせ尾根に堀《ほり》切《きり》と竪堀《たてぼり》を築き、南に虎口《こぐち》を設けています。詰めの城は千手山一帯で、北浅川が湾曲し、案下道に面した要衝の地に浄福寺があり、ここが居館跡と考えられます。都史跡なので文化財標示板はあります

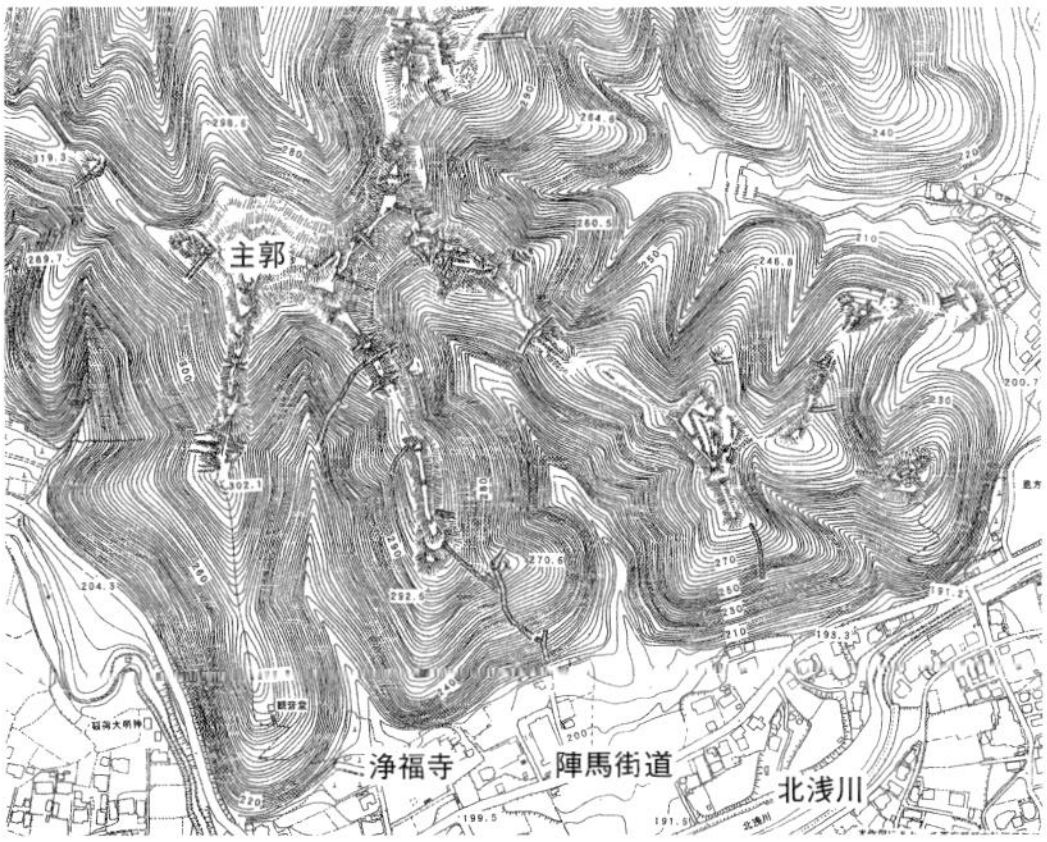

浄福寺城跡全体図　標高356mの山城で、急峻な数条のやせ尾根に堀切と竪堀を築いて防衛した遺構があります。

心源院前の馬頭観音と庚申塔

が、史跡の整備はされていません。

浄福寺城には、案下城《あんげじょう》・松竹城《まつたけじょう》・由井城《ゆいじょう》・新城《にいじょう》といくつもの別称があります。『武蔵名勝図会』は、松竹城は大石源左衛門尉《おおいしげんざえもんじょう》の築城としています。斎藤慎一の新説によると、大石定久《さだひさ》（大石源左衛門尉）が拠点としてきた由井領に、娘婿として大石源三（北条氏照）が入って城主となり、一五六七年（永禄一〇）頃に加住《かすみ》丘陵の滝山城に移るまでは、北条氏照の城としたものであろうということです。

八王子城跡

八王子市元八王子町・下恩方町

map 3

八王子城へは、城山川沿いに南の八王子城跡管理棟から大手口《おおてぐち》を上るのが一般的ですが、このコースでは搦手口《からめてぐち》である北の下恩方《しもおんがた》町松竹から城沢《しろさわ》の道を歩きます。

陣馬街道の松竹から北浅川を渡り、松嶽《まつだけ》稲荷神社を右にみながら滝ノ沢川に沿って、南へ一・五キロ行くと城山《しろやま》と清龍寺《せいりゅうじ》滝との分岐点の道標に着きます。ここから右へ沢沿いを一五分歩くと、三段の清龍寺滝です。かつて滝は豊富な水が流れていましたが、圏央道城山トンネルが通ってからは水量が減少し、水位計が設けられています。滝から分岐点に戻ります。

城沢《しろさわ》の道の両側には二段曲輪や段切り（人工的な段状の平坦地）

松竹口から望む八王子城跡　写真中央が城山。

左上：城沢と清龍寺滝の分岐点
左下：清龍寺滝　圏央道城山トンネル完成後水量が減少。

がみられますが、未調査です。城沢の道を約五〇分上ると、柵門台《さくもんだい》を経て高丸《たかまる》の尾根に着きます。ここで大手口から上る八王子城大手口のコースと合流します。

道標にしたがって城山をめざすと、中曲輪に出ます。八王子盆地から多摩丘陵・関東平野を見渡すことのできる眺望のよい場所です。ここに八王子神社社殿があり、休憩所もあります。

八王子という地名は、この八王子神社からおこりました。華厳菩《けごんぼ》薩妙行《さつみょうぎょう》が修行をしていると、牛頭天王《ごずてんのう》と八人の王子が顕《あら》われたので、平安時代、九一六年（延喜一六）に深沢山に八王子権現を祀ったことによるとされています。神社の右手の急な石段を上ると、小《こ》宮曲輪《みやぐるわ》を経て、深沢山（標高四六〇・五メートル）の山頂に到達します。山頂曲輪には小さな祠《ほこら》（八王子神社奥宮）があり、狭い平場ができています。

山頂曲輪を下ると、神社社殿の南の平地が松木曲輪《まつきくるわ》で、ベンチが設けられています。松木曲輪からは高尾山が一望でき、津久井城山《つくいしろやま》、丹沢山塊も望むことができます。ここでしばし休憩をとりましょう。

松木曲輪を西へ下ると、井戸があってポンプで水を汲むことができます。この坎井《かんせい》は、神社左手にある井戸と同じ戦国時代の石組みの掘り抜き井戸です。現代まで涸《か》れずにきましたが、圏央道城山ト

中曲輪の八王子神社　八王子という地名発祥の神社です。

左上：山頂曲輪　八王子神社奥宮が建っています。
左下：坎井　駒冷やしに近い凹地に設けられた戦国時代の掘り抜き井戸です。

Zoom Up

八王子城の暮らしと落城、そして現在

八王子城は、山麓の居館地区、山上の詰めの城である要《よう》害《がい》地区、城下町・武家屋敷にあたる根《ね》小《ご》屋《や》地区にわかれて、東西三・五キロ、南北二・五キロの広大な山地に広がる典型的な中世山城です。

後北条氏三代目氏康の三男、北条氏照が一五七七年（天正五）頃から城を築きはじめて、一五八二年（天正一〇）以降に滝山城から移転しました。

氏照は家族とともに日常は御主殿に居住し、領国の政務を執っていました。御主殿から出土した一五〇〇点の中国明《みん》の染付磁器・青磁碗・ベネチア産のレースガラスの壺・鎧・小柄《こづか》・銅銭から、国際的な交易関係と城主の豪華な生活が偲ばれます。

さて、八王子城は一五九〇年（天正一八）、豊臣秀吉の北条攻めにより落城します。城主氏照は、このとき小田原城に籠っていました。

六月二三日早朝より、豊臣方軍勢五万人が攻め寄せました。前田《まえだ》利家《としいえ》軍は大手口から、上杉景勝軍は搦手口から攻め、半日で落城したと『北条記』は伝えています。城兵、女子供一三〇〇人が惨殺《ざんさつ》されたといいます。

中国製の瑠璃釉（るりゆう）碗

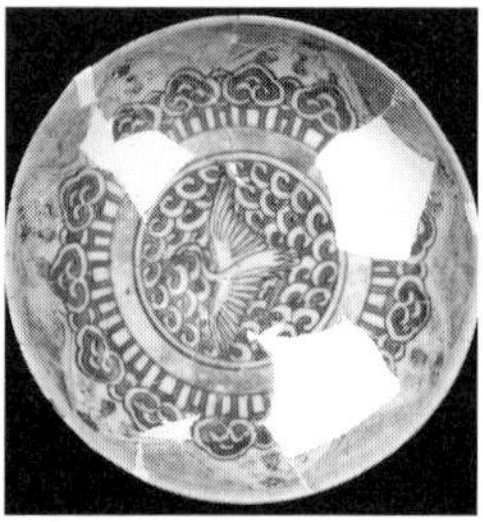

中国製の五彩皿

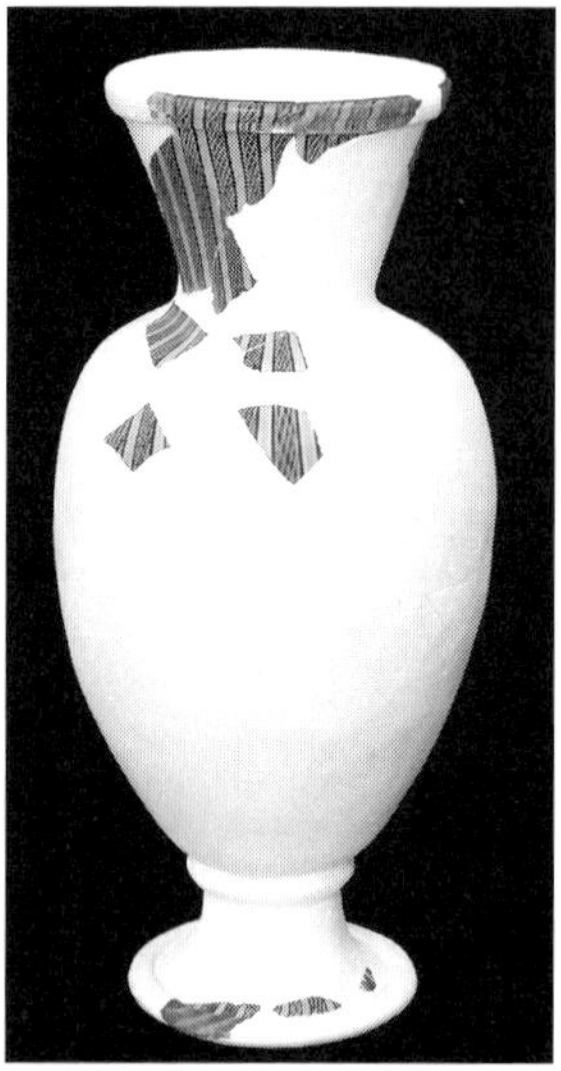

ベネチア産のレースガラス器

　八王子城落城後の七月六日、小田原城の北条氏政・氏照兄弟は降伏しました。ここに関東の北条氏は滅亡し、戦国時代は終結したのです。

　落城後、城山は「忌《い》み山」とされ、「今も落城の日となれば、この山ばかり霞《かすみ》覆い、時ならず人馬の馳《は》せ違《ちが》う音、又鉄砲矢叫びの声、山谷に響き或いは女の泣き叫ぶ声など愁々《しゅうしゅう》として物凄く、里人この日は必ず山に入らずという」（「北条軍記」）と伝えられています。現在も元八王子の旧家では落城の日には赤飯を炊いて供養する風習がつづいています。

　八王子城山会の小松敏盛があしだ曲輪で採集した鉄弾《てつだん》・土弾《どだん》・鉄鏃《てつぞく》・炭化した握り飯、また御主殿で発掘された焼けた遺構と壁土、大量の鉄弾・炭化した大麦などが悲惨な落城の火災を証明しています。

　八王子城は、多摩考古学研究会・八王子城山会が一九六五年から四〇年間におよぶ保存運動をつづけた結果、開発予定地は公有化され、市により御主殿の整備、石垣の修復、曳橋の復元がされました。

　しかし、直下に圏央道城山トンネルが計画され、国史跡八王子城とオオタカを守る会（峰岸純夫代表・椚國男顧問）は「八王子城に第二の落城をさせてはならない」と、一〇年余にわたり文化財保存運動を繰り広げました。それにもかかわらず、二〇〇七年に圏央道は開通し、希少動物オオタカの営巣木はなくなり、御主殿の滝、城山川の水量は明らかに減少しています。

日本百名城選定を祝う国史跡八王子城とオオタカを守る会

ンネルが直下を通過するようになってから、たびたび涸れるようになりました。

井戸から馬廻り道を西へたどると、山頂から南西の尾根が切り落とされた平地があります。棚沢の滝や詰めの城（大天主）への尾根に八王子城西側の防衛遺構がありますが、関場峠《せきばとうげ》までのハードな登山コースとなります。坎井から松木曲輪まで引き返しましょう。

松木曲輪からの下山路は、高丸、金子丸をたどる大手口コースと、山王台《さんのうだい》経由で御主殿《ごしゅでん》に下る殿《との》の道のコースがあります。ここでは松木曲輪の下の竹林を巻いて、大手口コースへ戻り、金子丸、あしだ曲輪から登山口へ下ります。城山川沿いに大手道を西へ向かうと、木造の曳橋《ひきばし》を渡り、石垣と大きな階段で復元された虎口《こぐち》と四脚門《しきゃくもん》礎石を経て、御主殿に到着します。

御主殿は、史跡保存整備のために八王子市教育委員会によって一九八六～八八年に発掘調査され、礎石建物跡八棟、道路八本、溝一一本、庭園が確認されました。間口《まぐち》一五間・奥行き九間の大型礎石建物を中央にして、会所《かいしょ》や付属建物、庭園や鍛冶場《かじば》が並ぶ居館《きょかん》（政庁）の建物群です。調査後は埋め戻されましたが、門柱に横木を渡した冠木門《かぶきもん》とまわりの土塁は復元されています。

御主殿の西から一〇〇メートルほど殿の道を進むと、石切場へ着

上：復元された御主殿の冠木門
下：御主殿を囲む土塁

御主殿の遺構　7000m²の広い御主殿は、八王子市教委の発掘調査で、礎石建物跡8棟、道路8本、溝11本、庭園が確認されました。写真に写っている間口15間、奥行き9間の大型礎石建物を中央に、会所や付属建物、庭園などが並んでいました。

きます。築城期に石垣の石材を採掘した所です。砂岩・粘板岩の岩盤に切り込んだ跡がみられます。石切場の下に四段の石垣がみえます。御主殿西北沢の石垣は、自然の山石を使った野面《のづら》積みの石垣で、御主殿から松木曲輪への重要な防衛線でした。三段目の石垣上には高さ六〇センチの平らな石があり、指揮台石とよばれています。

御主殿跡に戻り、御主殿の滝をみてから、城山川沿いにあしだ曲輪の大悲閣観音堂をへて、八王子城跡管理棟に到着です。北条氏の三ツ鱗《みつうろこ》紋の幟《のぼり》が立ち、八王子城と北条氏の陶板の説明板があり、ガイドマップが置いてあります。

さて八王子城跡管理棟からは、道の両側に家臣屋敷跡のある根小屋地区を通って、石材店の北にある北条氏照や家臣の墓を訪ねましょう。さらに氏照の菩提寺である宗関寺《そうかんじ》をみながら二〇分歩くと、霊園前バス停です。ここから高尾駅までバスで戻ります。

余力のある方は、高尾駅の南八〇〇メートルの初沢城跡も訪れることにしましょう。

初沢城跡

八王子市初沢町・狭間町

map 4

高尾駅から南へ金色のパゴダ形の〝みころも霊堂〟をめざします。みころも霊堂のあるみころも公園西部の菅原道真《すがわらのみちざね》銅像・高尾天神社

北条氏照墓地　土饅頭の上に、1689年（元禄2）の笠塔婆の氏照墓のほか、五輪塔・石塔が林立し陰鬱な墳墓の景観を残しています。

八王子城跡縄張り図　北条氏照が1577年（天正5）頃から築城しはじめ、1582年（天正10）頃以降に滝山城から移りました。

が上り口で、初沢《はつざわ》城跡の東北郭をへて二〇分で初沢山頂に着きます。

　初沢城跡には、山頂に四つの区画のある主郭、堀切のある北郭、東北の尾根に東北郭と堀切があり、南郭は堀切で画され、紅葉台住宅側にのびています。山腹の西側と南東側には幅五メートル、深さ三メートルの竪堀《たてぼり》が八本ぐらい並んでいます。そのうち南西の竪堀は、折のついた二重竪堀です。城全体の測量や調査はおこなわれていません。

　初沢城は椚田《くぬぎだ》城ともよばれ、鎌倉初期、横山党の椚田《くぬぎだ》太郎《たろう》重兼《しげかね》が居住したと『新編武蔵風土記稿』に記されていますが、確実ではありません。椚田氏は八王子市内元横山町付近を本拠とし、今の椚田町付近、湯殿川《ゆどのがわ》の上流域の谷を開拓したようです。

　室町時代には扇谷《おおぎがやつ》上杉氏の傘下に組み込まれた片倉《かたくら》城主の長井《ながい》広秀《ひろひで》（法名高乗《こうじょう》）が初沢城を築いたともいわれ、「高乗寺《こうじょうじ》絵図」に城山が描かれていることからも、長井氏が一五世紀末に初沢城を築城したとするのが妥当でしょう。

　そして一五六九年（永禄一二）の武田軍との十十里《とどり》合戦で敗れ、小仏峠側を防衛する必要を感じた北条氏が、一五六九～八〇年頃に初沢城を修築し、郭を築き、竪堀を掘って、八王子城外郭の支城として防衛に備えたと考えられます。

初沢城跡への上り口　みころも公園西部の菅原道真銅像のところから上ります。

初沢城跡主郭頂上

金比羅砦

八王子市高尾町・初沢町

map 5

金比羅砦《こんぴらとりで》は、初沢山の北西にあたり、初沢町と高尾町の東高尾山稜の金比羅山の大部分にまたがる砦です。金比羅山（標高二四〇メートル）は江戸時代には「よばわりやま」といわれた里山です。山頂に小さな平場《ひらば》、東の尾根にも平場をつくり、また住吉社祠に指揮台石を置き、堀切と山腹の北側から西側にかけて幅三メートル、深さ一メートル前後の竪堀六カ所をつくった砦跡です。北条氏が初沢城を修築したおりに、南浅川の南にそびえる金比羅山に、小規模な砦として郭を築き、竪堀を掘って八王子城の支城として防衛に備えた、とわたしは考えています。山頂には浅川金刀比羅神社が祀られ、「自然護持」の神社として、金刀比羅講の行事が盛んにおこなわれています。

現在、高尾・浅川の自然を守る会・浅川地下壕の保存をすすめる会（金比羅山、初沢山の地下には、アジア太平洋戦争末期、陸軍の計画によって掘られた、全長一〇キロにおよぶ浅川地下壕《あさかわちかごう》があります）が、金比羅山と初沢山を含めて、浅川史跡自然公園として保存活用する環境保全活動を進めています。

コースは初沢城から金比羅砦を遠望し、高尾駅に戻ります。

金比羅山こんぴら小道入口　山頂の浅川金刀比羅神社は江戸時代後期の創建で、自然保護のシンボルになっています。

浅川地下壕イ地区　中島飛行機の地下工場跡です。

❻ 小比企丘陵・絹の道の歴史遺産を歩く

八王子市南部の湯殿川流域と小比企丘陵の縄文・弥生遺跡から御殿峠の里山、絹の道、町田市小山の田端遺跡までを歩くコース。椚田遺跡、絹の道資料館は見どころ。

京王高尾線 めじろ台駅
スタート
京王高尾線
14分
20分
片倉城跡
片倉駅
4分
7分
南八王子地区
No.8遺跡
❸
大原A・B・C
遺跡
片倉遺跡
❹
20分
6分
椚田遺跡
❶
12分
❷
神谷原遺跡
南八王子地区
No.9遺跡
❸
小比企向原
C遺跡
郷田原遺跡❸
❸滑坂遺跡
南八王子地区
No.54遺跡
南八王子地区
No.56遺跡
日南田遺跡
八王子みなみ野駅
由井の里山道
38分
八王子市
16号線
JR横浜線
殿丸城跡❺
6分
御殿峠
御殿山窯跡群
相原窯跡
町田市
0 100 200 500m
相模原市

椚田遺跡

八王子市椚田町五四一

map 1

京王高尾線めじろ台駅から南へ、高専通りを抜け一四分で椚田《くぬぎだ》遺跡公園に着きます。公園南口には縄文土器モニュメント・説明板が置かれ、型どりされた縄文中期の竪穴住居址《たてあなじゅうきょし》二棟と柄鏡形敷石《えかがみがたしきいし》住居址が平面表示されています。縄文時代に生えていた種類の樹木も植えられています。

椚田遺跡は縄文中期後半の集落跡で、竪穴住居址四五軒が環状に並び、中央部に土坑墓《どこうぼ》群や集石炉《しゅうせきろ》が発掘されました。公園地は遺跡全体の三分の一で、直径一五〇メートルに計三〇〇軒以上が建てられた大環状集落であったと推定されています。

縄文中期後半の勝坂《かっさか》新期から加曽利《かそり》E期にかけての竪穴住居址は、径四〜七メートルの円形・楕円形・方形で、石囲《いしがこ》い炉《ろ》や埋甕《うめがめ》炉《ろ》があり、中期末の敷石住居址は円形の住居の南に張出部《はりだしぶ》がつく柄鏡形住居で、三軒みつかっています。

遺物は、顔面把手《がんめんとって》のある勝坂式・加曽利E式・曽利《そり》式土器、打製《だせい》石斧《せきふ》・磨製石斧《ませいせきふ》・石鏃《せきぞく》・石皿《いしざら》・磨石《すりいし》などが大量に出土しています。

椚田遺跡は縄文中期後半の典型的な集落です。多摩丘陵の文化圏と中期社会を研究する貴重な学術資料であるとして、椚田遺跡調査

椚田遺跡公園　縄文土器モニュメントが南口に置かれています。

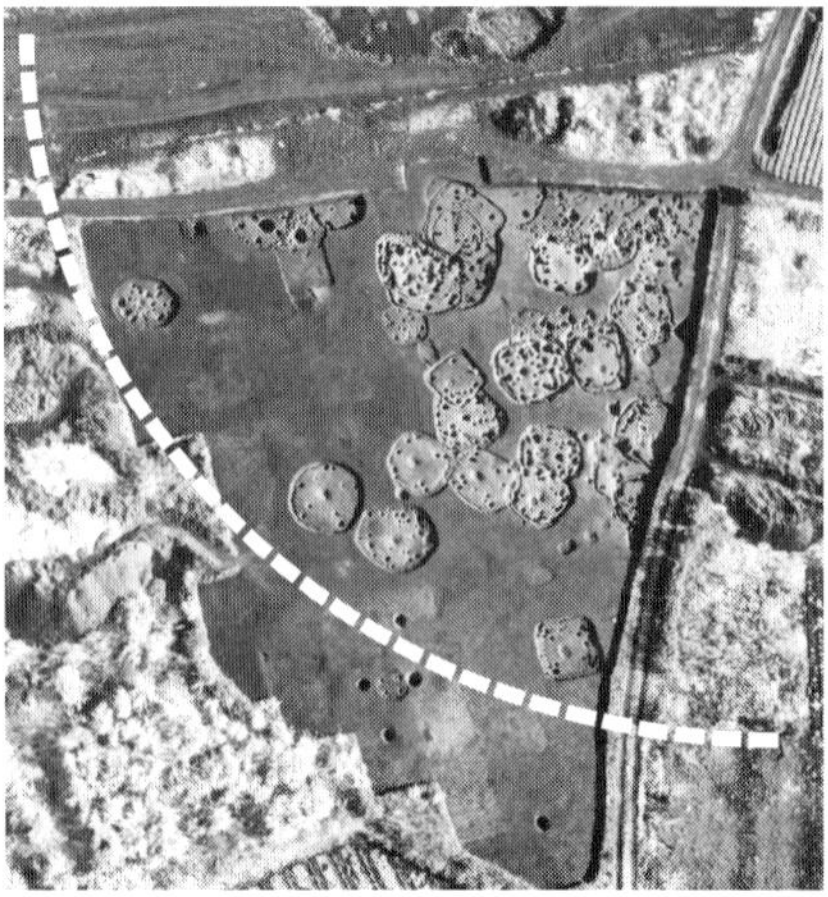

椚田遺跡の縄文中期遺構　白破線に沿って環状に並んでいる住居址。

団（吉田格団長）から保存要望が出され、文化財保存全国協議会・多摩考古学研究会・武蔵野文化協会も保存運動を広げて、一九七八年に国史跡として保存され、史跡公園に整備されました。

神谷原遺跡

八王子市椚田町五一七付近

map 2

椚田遺跡から東へ進むと、市の椚田運動場です。ここが神谷原《かみやはら》遺跡ですが、標識はありません。椚田丘陵では土地区画整理事業にともなう調査で、一九七五〜七九年に五カ所の遺跡が発掘調査され、このうち椚田遺跡（椚田第Ⅲ遺跡）と神谷原遺跡（椚田第Ⅱ遺跡）の保存要望が出されましたが、当初、神谷原遺跡のある場所は小学校用地とされていたので、保存できませんでした。その後、運動場・公園と住宅・マンションに変わっています。

神谷原遺跡では、縄文中期前半の環状集落と、古墳時代初頭の竪穴住居址一六三軒・方形周溝墓《ほうけいしゅうこうぼ》三三基・円形周溝墓一基が発見されました。ガラス玉・管玉《くだたま》・土製勾玉《どせいまがたま》・炭化米・鉄鎌・鉄鏃《てつぞく》・四世紀の土師器《はじき》などが出土し、湯殿川《ゆどのがわ》流域の有力な農業共同体のムラと家長層の墓です。

椚田遺跡群の出土遺物は、八王子立郷土資料館で常設展示されています。

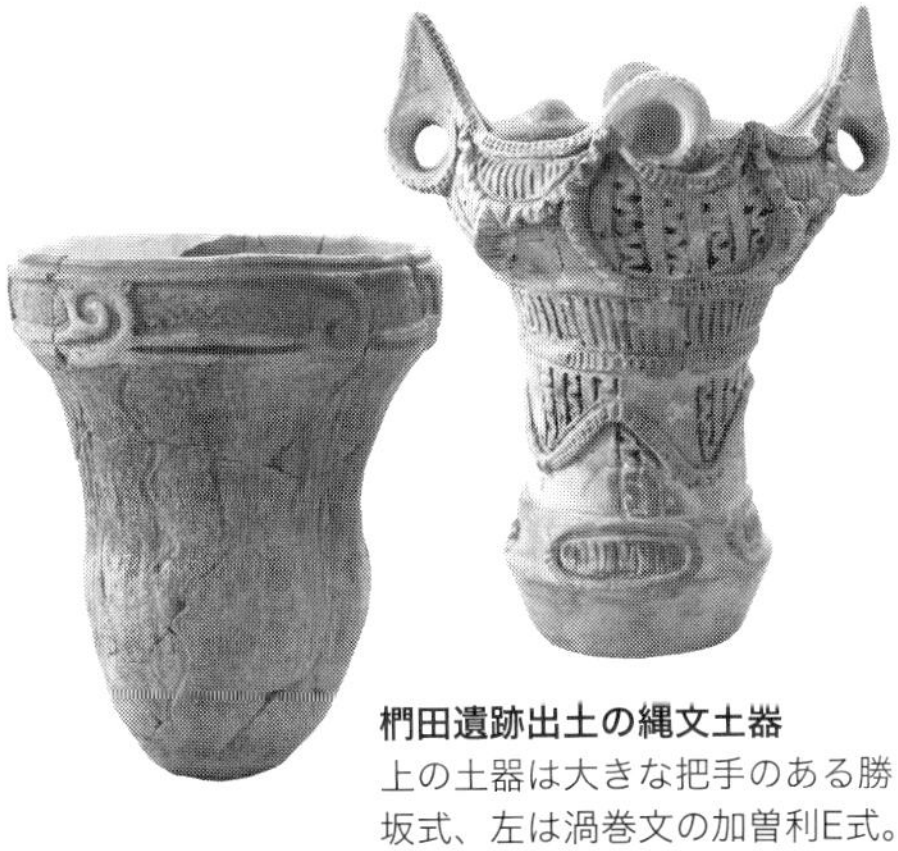

椚田遺跡出土の縄文土器
上の土器は大きな把手のある勝坂式、左は渦巻文の加曽利E式。

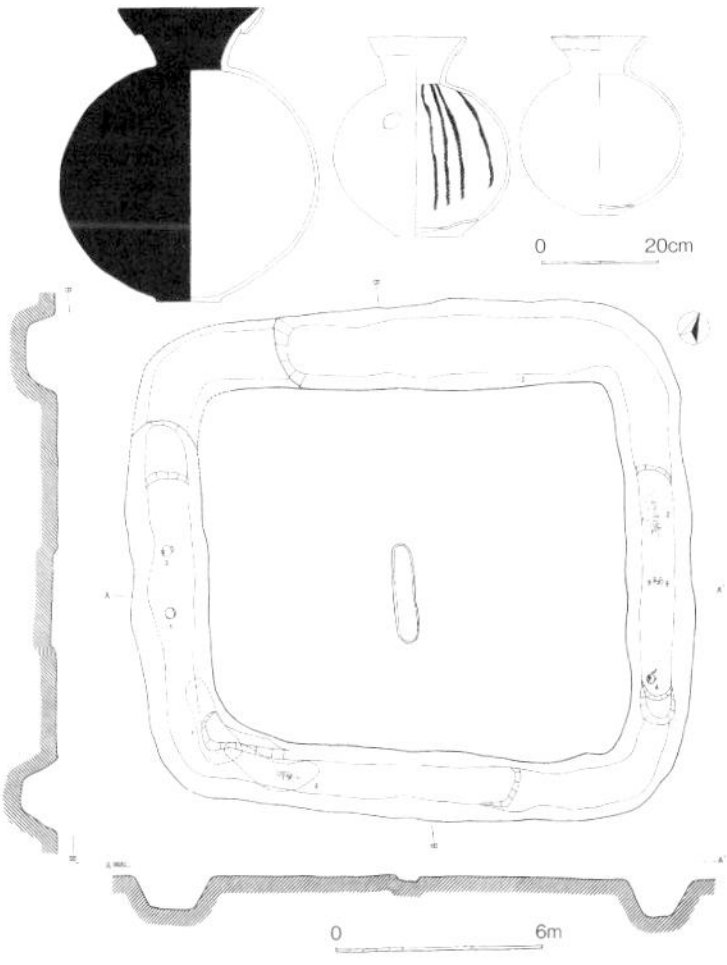

神谷原遺跡の方形周溝墓と出土した土師器
16×14mの方形の溝内から壺が出土しました。

神谷原公園から東へ、聖パウロ病院から南へ坂道を下って小比企《こびき》町信号を越え、大橋で湯殿川《ゆどのがわ》に沿って東方向へ、小比企町から片倉《かたくら》町へと歩きます。湯殿川の川辺の道はハナミズキの並木道です。風《かざ》原《はら》橋を渡って片倉城跡《かたくらじょうあと》公園へとむかいましょう。

小比企遺跡群

八王子市小比企町、みなみ野六丁目

map 3

途中、湯殿川南側の小比企丘陵から宇津貫町《うつぬきまち》にかけては、八王子ニュータウン（八王子みなみ野シティ）の宅地開発事業により、かつての農地は大きく変貌し、横浜線みなみ野駅周辺はショッピングセンター・分譲住宅・マンション・大学・学校が立ち並ぶ都市になりました。造成工事・道路工事が進行中で通り抜けられませんが、小比企町側は畑の境界に桑の木が並び、畑地が残っています。

この南八王子地区には、小比企向原《こびきむかいはら》遺跡・滑坂《なめさか》遺跡・郷田原《ごうだはら》遺跡、御殿山《ごてんやま》窯跡群などの小比企遺跡群があります。

ここは南八王子地区遺跡調査会・玉川文化財研究所が発掘調査しました。郷田原遺跡では二三×七メートルの縄文中期はじめの五領《ごりょ》ケ台《うがだい》期の大形竪穴住居址が発見されています。小比企向原遺跡・滑坂遺跡は、丘陵の頂部につくられた縄文中期中葉から末葉にかけて継続した集落で、関連の深い二つの環状集落跡です。

小比企丘陵全景　丘陵の頂部に縄文中期の環状集落跡があります。

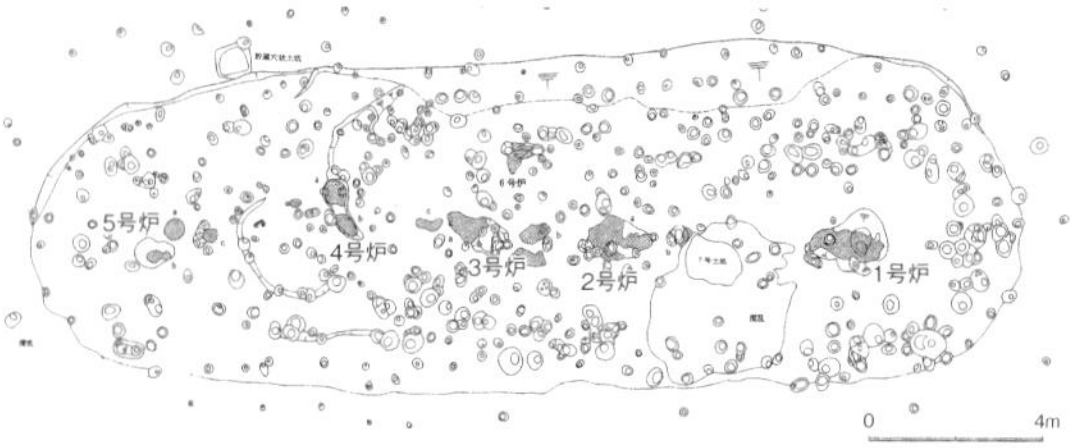

郷田原遺跡の大型住居址
23×7mと細長い楕円形をした、縄文中期はじめの東北系住居です。集会場または共同作業施設と考えられています。

片倉城跡

八王子市片倉町

map 4

片倉城跡公園は、北の菖蒲園・水車小屋・カタクリ群生地から上り、二の郭《くるわ》広場から広い空堀《からぼり》を経て主郭《しゅかく》広場を見学し、南東の笹藪におおわれた櫓台《やぐらだい》をみて、住吉神社から公園管理事務所に下ります。

片倉は古川越道と鎌倉道をつなぐ武相《ぶそう》間の交通の要衝でした。片倉城は、湯殿川と兵衛川《ひょうえがわ》にはさまれた小比企丘陵東端の舌状《ぜつじょう》部に立地し、北・東・南は沼地にかこまれた天然の要害です。東の主郭と二の郭は土塁《どるい》でかこまれ、鉤《かぎ》の手状に掘り込まれた空堀は木橋でつながれています。虎口《こぐち》は二の郭南面にあり、角馬出《かくうまだし》になっています。斜面には数カ所に竪堀《たてぼり》があり、住吉神社を含めて横堀《よこぼり》が周囲をめぐっていたとみられます。すぐれた縄張《なわば》りをもつ、連郭式《れんかくしき》の典型的な中世城郭として著名です。

この城は、室町時代、応永年間に大江師親《おおえもろちか》が在城したと『新編武蔵風土記稿』に記され、大江広元《おおえひろもと》を祖とする扇谷《おうぎがやつ》上杉氏の家臣であった長井八郎が築城したとする説もあります。また広園寺《こうおんじ》開基の長井広道《ながいひろみち》を城主とする説もありますが、歴代の城主・その廃城年については史料が少なく、定かではありません。縄張りからは室町時代の一五世紀後半を中心とし、大石氏・北条氏の戦国時代まで使わ

片倉城跡二の郭　土塁でかこまれ、南側に虎口があります。

片倉城跡にある住吉神社

れたとみられます。

アジア太平洋戦争期には、片倉城に陸軍防空部隊が駐屯していました。対空聴音機《ちょうおんき》が置かれ、また片倉の車石《くるまいし》には戦車壕《せんしゃごう》がつくられていました。

一九七一年に開設された片倉城跡公園には、長崎平和公園の平和祈念像を制作した北村西望《せいぼう》など著名な彫刻家の彫像が置かれており、彫刻のある街・八王子のモデル地区として整備されています。

公園の東側はすぐJR片倉駅です。駅北口には、片倉城から「絹《きぬ》の道《みち》」へのエリアマップが設置されています。絹の道へは、片倉町台ヶ谷戸の「由井《ゆい》の里山」自然探索コースがあり、由井二小を折れ住宅地から結婚式場日本閣まで歩きます。

16号線道路を橋本駅方面まで通っているバスがありますので、片倉駅入口から乗り、御殿《ごてん》峠の自然公園前で降りて、上り道三キロの歩行時間を短縮してもよいでしょう。

御殿峠・殿丸城跡

八王子市鑓水、町田市相原町

map 5

16号線道路沿いの日本閣と山野美容芸術短大の間が御殿峠です。日本閣の裏山標高二一三メートルから南にかけては、櫓台《やぐらだい》や人工的な工作が加えられた跡がみられ、戦国時代、北条氏の物見台《ものみだい》とし

由井の里山道　台ヶ谷戸から日本閣まで。

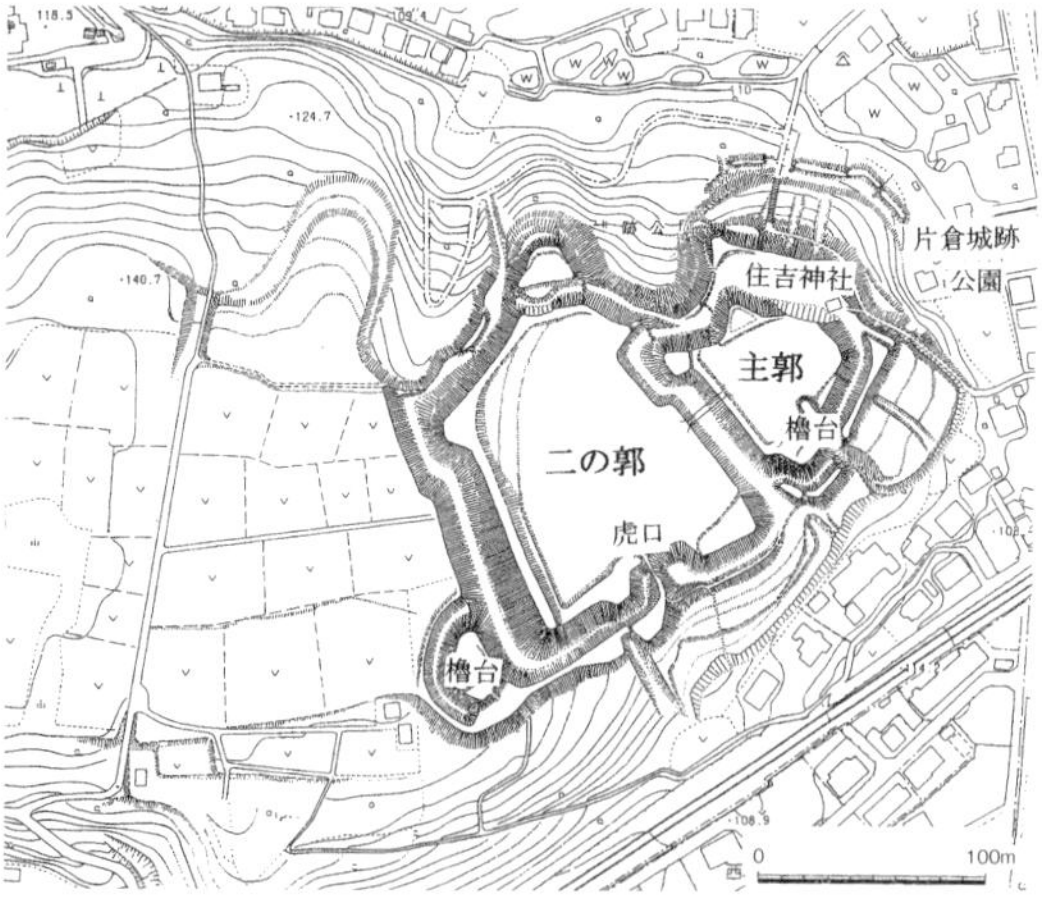

片倉城跡縄張り図　空堀・土塁等の名残があり、15世紀後半の中世城郭の形態を示す典型的なものです。

て、殿丸城《とのまるじょう》または御殿峠城《ごてんとうげじょう》とよばれています。御殿山から相原《あいはら》への16号線の西には、幅九メートルの堀割《ほりわり》状の鎌倉道《かまくらみち》が残っています。ドイツ城館のような喫茶店パペルブルグ（美味しいコーヒーが特色）のある御殿峠信号を東に入ると、多摩養育園老人ホームがあります。多摩養育園の北駐車場で、御殿峠の地層が観察できます。

橙褐色の武蔵野ローム層（約六万年前〜一万年前）にはさまって、帯状に厚さ一〇センチの白っぽい地層が入っています。この灰白色の地層が、火山の噴火で堆積した四万九〇〇〇年前の東京軽石層です。ここではみられませんが、多摩ローム層の下には五〇万年前に古相模川《こさがみがわ》の氾濫によって形成された御殿峠礫層《れきそう》が堆積しています。御殿峠礫層の基準となる標式地はこの辺なのです。

多摩養育園を抜けて北側の尾根に上ると、東京工科大学のフェンスとの境が御殿山尾根道になっています。御殿山尾根道と絹の道は「八王子東南部環境市民会議」のボフンティア活動で清掃・整備され、雑木林と笹藪の間を抜ける四季折々のすばらしい景色が楽しめるハイキングコースになっています。

御殿山尾根道をたどり、八王子バイパスの跨道橋を渡ると、すぐに絹の道の標識があり、北野台団地からの階段路と合流し、大塚山《おおつかやま》公園へつながっています。

御殿山尾根道　御殿峠から大塚山公園まで1kmの尾根道は、新緑と紅葉の季節がすばらしい。

絹の道碑・大塚山公園

大塚山公園・道了堂跡

八王子市鑓水四五〇—一

map 6

絹の道の北端にある大塚山公園は、道了堂《どうりょうどう》の跡地です。大塚山道了堂は、一八七五年（明治八）に鑓水《やりみず》商人によって建てられた永《えい》泉寺《せんじ》別院です。生糸《きいと》商人を中心に、鑓水地域の信仰の拠点としてにぎわいました。

園内には石段や石碑、石燈籠《いしどうろう》があり、道了堂の石碑があります。堂守が亡くなり廃屋になってからは、絹の道整備で大塚山公園となりました。近世のものと思われる大塚があります。

絹の道・絹の道資料館

八王子市鑓水九八九—二他

map 7

大塚山公園入口には絹の道碑が立っています。「絹の道」は鑓水街道あるいは浜《はま》街道ともよばれる神奈川往還《おうかん》の通称です。江戸時代末の一八五九年（安政六）、横浜開港以来、一九〇八年（明治四一）に横浜線が開通するまでの五〇年間、八王子近郊や山梨・長野・群馬で作られた生糸が、この浜街道を通って、横浜まで四〇キロの道のりを運ばれました。

市の史跡絹の道保存整備事業で、一キロの道筋が自然を残して整備されました。絹の道は幅四メートルほどで、頭上を雑木林の枝先

道了堂跡　明治初年、生糸の商いで繁栄した鑓水商人によって建てられた永泉寺別院の跡です。

絹の道　幅4mの道が八木下家屋敷跡まで続きます。

がおおい、尾根筋を南へ屈曲しながらつづいています。

鑓水の生糸商人、八木下要右衛門《やぎしたようえもん》の屋敷跡が現在、「絹の道資料館」となって公開されています。幕末期の石垣で区画され、発掘された建物跡が表示されています。

永泉寺

八王子市鑓水八〇

map 8

絹の道から柚木《ゆぎ》街道に面する御殿橋の北には、「八王子道　はしもと　津久井　大山　はら町田　神奈川　ふじさわ」と彫られた一八六五年（慶応元）の道標があります。この道標からすぐのところにある「老人ホーム絹の道」の東に、永泉寺《えいせんじ》があります。

永泉寺は一五七三年（天正元）創建の曹洞宗《そうとうしゅう》の寺で、武相観音《ぶそうかんのん》巡礼《じゅんれい》の札所《ふだしょ》となっています。本堂は一八八四年（明治一七）に八木下要右衛門家主屋を移築したものです。墓地には、代表的な鑓水商人であった大塚徳左衛門、大塚五郎吉や八木下家などの墓があります。大塚家は鑓水村の名主《なぬし》を務め、全盛期には屋敷に七つの蔵をもつほどの家でした。

小泉家屋敷

八王子市鑓水二一七八

map 9

鑓水交差点を南へ一〇〇メートル、浜街道に面した小泉家屋敷は、

永泉寺　生糸商人八木下要右衛門家の母屋を移築したものです。

絹の道資料館ガイド　開館時間：9時から17時まで（11月から2月は16時30分まで）。入館料：無料。休館日：月曜日。交通：JR・京王線橋本駅より多摩美大前・上柚木経由南大沢駅行き「絹の道入口」下車徒歩約5分。連絡先：042（676）4064。絹の道の歴史、鑓水商人、養蚕・製糸に関する展示をしています。

多摩丘陵の典型的な養蚕《ようさん》農家です。一八七八年（明治一一）に建てられた母屋は、入母屋《いりもや》造りの茅葺《かやぶ》き屋根で、屋根裏には、蚕《かいこ》を飼っていた蚕室《さんしつ》があります。土蔵・納屋《なや》・堆肥《たいひ》小屋と裏山を含めて、都有形民俗文化財に指定されています。

小泉栄一は八王子市郷土資料館長を務め、鑓水や絹の道の地域史を掘り起こした研究者でもありました。屋敷は子息によって維持されていますが、内部は非公開です。

板木の杜緑地

map 10

八王子市鑓水二丁目一一三

浜街道の交差点にある緑地は板木谷戸《いたぎやと》とよばれています。「イタギ」は、アイヌ語の「きれいな清水が湧き出る所」に由来します。この山の中腹を先の尖った槍状の道具で突いておくと、地下水が湧き出し、筧《かけい》（樋《とい》）から「遣《や》り水《みず》」を流したのが、鑓水という地名の由来といわれています。

板木《いたぎ》の杜《もり》緑地西の尾根には、鎌倉街道の古道が残っています。

久保ヶ谷戸横穴墓

map 11

町田市小山ヶ丘五丁目

板木の杜緑地からさらに南へ尾根を越えると、町田市の多摩境《たまさかい》通りに出ます。ここを西へ向かうと小山ヶ丘《おやまがおか》小学校です。この小学校

小泉家屋敷　入母屋造りの茅葺き屋根で、屋根裏に蚕室があります。裏山にかけて多摩丘陵の典型的な農家の景観を残しています。内部は公開されていません。

三ツ目山公園の久保ヶ谷戸横穴墓レプリカ　玄室・羨道の外側に長さ19mの石積みの外装施設（墓前域）があります。

の南西が三ツ目山《みつめやま》公園です。この公園は谷戸《やと》を造成したもので、公園東部にレプリカ保存された横穴墓《よこあなぼ》があります。

久保ヶ谷戸《くぼがやと》横穴墓は石積《いしづ》みの墓前域をもつ古墳時代後期の長大な横穴墓です。一九九七年に二五〇メートル西の多摩ニュータウンNo.313遺跡で一基のみ発掘され、公園内に移設保存されました。古墳時代に境川《さかいがわ》流域の開拓を担った農業共同体の家長の墓でしょう。

さて、多摩境通りへ戻り、多摩ニュータウン通りを南へ進むと、小山白山《おやまはくさん》公園の南に田端《たばた》遺跡がみえます。

田端遺跡

町田市小山町三〇六八

map 12

多摩ニュータウン通り西側が、田端環状積石《かんじょうつみいし》遺構の史跡公園です。縄文後期・晩期の環状積石遺構のレプリカと説明板があります。

田端遺跡の発見は一九六八年にさかのぼります。畑のゴボウの先が曲がってしまうので不思議に思った農家が畑を掘り起こしたところ、黒土中に石がかたまって埋まっていました。そこで、町田市文化財専門委員浅川利一・戸田哲也・玉川学園考古学研究会が発掘して、環状積石遺構であることが明らかになったのです。

環状積石遺構は東西九メートル、南北七メートルの楕円形で大小数百個の石が積み上げられ、帯状のサークルとなっていました。

発掘時の田端遺跡の空撮　中央の石がまるく並んでみえるのが環状積石遺構です。

環状積石遺構　遺構が劣化したため埋めて保存され、その上に同じ凝灰岩で復元展示されています。

サークルの南東には一二個の石棒《せきぼう》が立っており、積石の中からは石《いし》皿《ざら》・凹石《くぼみいし》・磨製石斧《ませいせきふ》・土偶《どぐう》・刻線文石《こくせんもんいし》・ヒスイの大珠《たいしゅ》が出土しました。積石遺構の周囲およびその下から、縄文後期の加曽利《かそり》B1〜B2式土器が副葬された土坑墓《どこうぼ》二四基や、周石墓《しゅうせきぼ》七基の存在が確認されました。

積石遺構の重要さを知った浅川は、遺跡の保存を地主や行政へ働きかけました。町田市は土地を買い上げ、一九七一年に都史跡に指定されました。その後、発掘したままの遺構を展示していたために、遺構は劣化してきました。そのため町田市教育委員会は二〇〇〇年度に、積石遺構の保護・保存を含む史跡整備事業と周辺詳細分布調査をおこないました。この結果、積石遺構は埋められて、同じような凝灰岩でその上部に復元され、史跡公園はリニューアルされたのです。

田端遺跡公園から北東へ五分で、京王相模原線多摩境駅に到着します。東方五〇〇メートルには、オオムラサキが生息する里山・湿地の片所谷戸《かたそやと》があり、「小山のホタルと自然を守る会」が環境保全活動中です。また多摩境駅の北方六〇〇メートルにある都立小山内《おやまだい》裏《り》公園にはパークセンター、大田切池、戦車道路があり、寄ってみたい公園です。

田端遺跡の出土遺物　上：ヒスイの勾玉と玉、下：土版・土偶・釣手土器の破片。

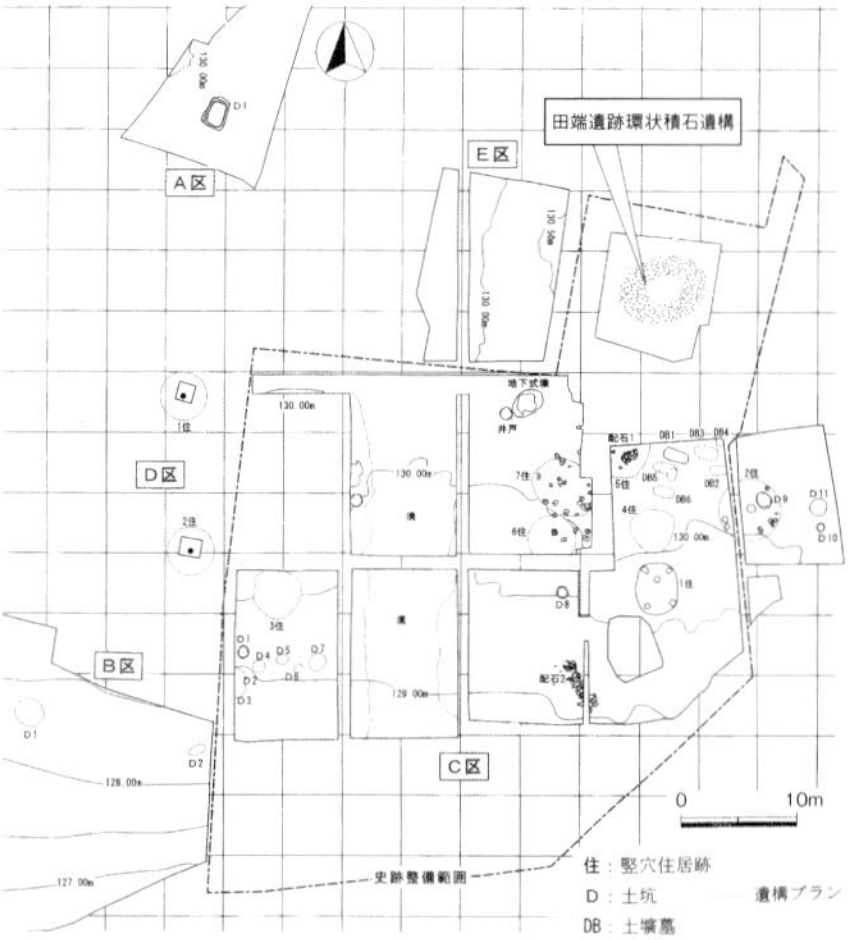

田端遺跡環状積石遺構と集落

Zoom Up

縄文ランドスケープ

田端遺跡周辺には、田端東遺跡、多摩ニュータウンNo.245遺跡があります。これらは、ほぼ同じ縄文中期中頃から後期中頃の集落と墓地跡で、同一の縄文人集団が構築した可能性の高い遺跡です。

後期前葉まで居住域であった田端遺跡に墓地が形成されるのは、後期中葉（加曽利B1・B2期）で、土坑墓から周石墓へ推移してゆきました。そして共同墓地を聖地として環状積石が築造され、祭祀場に発展しました。ストーンサークルの時期は、後期中葉（加曽利B2期、三五〇〇年前）から晩期中葉（安行《あんぎょう》Ⅲc期、二八〇〇年前）までの期間でした。

積石遺構の長軸は西南西を向いており、縄文ランドスケープ研究会により、冬至《げし》の日に丹沢山地蛭ケ岳《ひるがたけ》頂部に太陽が沈む様子が観測されて、太陽の運行と積石遺構や墓域の選地とが深い関係にあることが推定されました。縄文人は集団の聖地である共同墓地に集い、陽の力が弱まる冬至に蛭ケ岳に沈む夕日を拝み、集団の繁栄を祈る祖霊祭《それいさい》をおこなったと想定されています。

そして田端遺跡環状積石遺構モニュメントが構築された背景には、東北北部系の中空土偶から、東関東の安行系集団が西関東の高井東《たかいひがし》系集団へ侵攻してきたことによる危機があったのではないかと、安《あ》孫子《びこ》昭二《しょうじ》は推定しています。

田端遺跡からみた冬至の日没景観

⑦ 南多摩の古墳を歩く

多摩川南岸の日野台地から多摩丘陵の浅川・大栗川沿いまで、南多摩地域の古墳と古代集落跡を歩くコース。七ツ塚古墳群、万蔵院台古墳、稲荷塚古墳が見どころ。

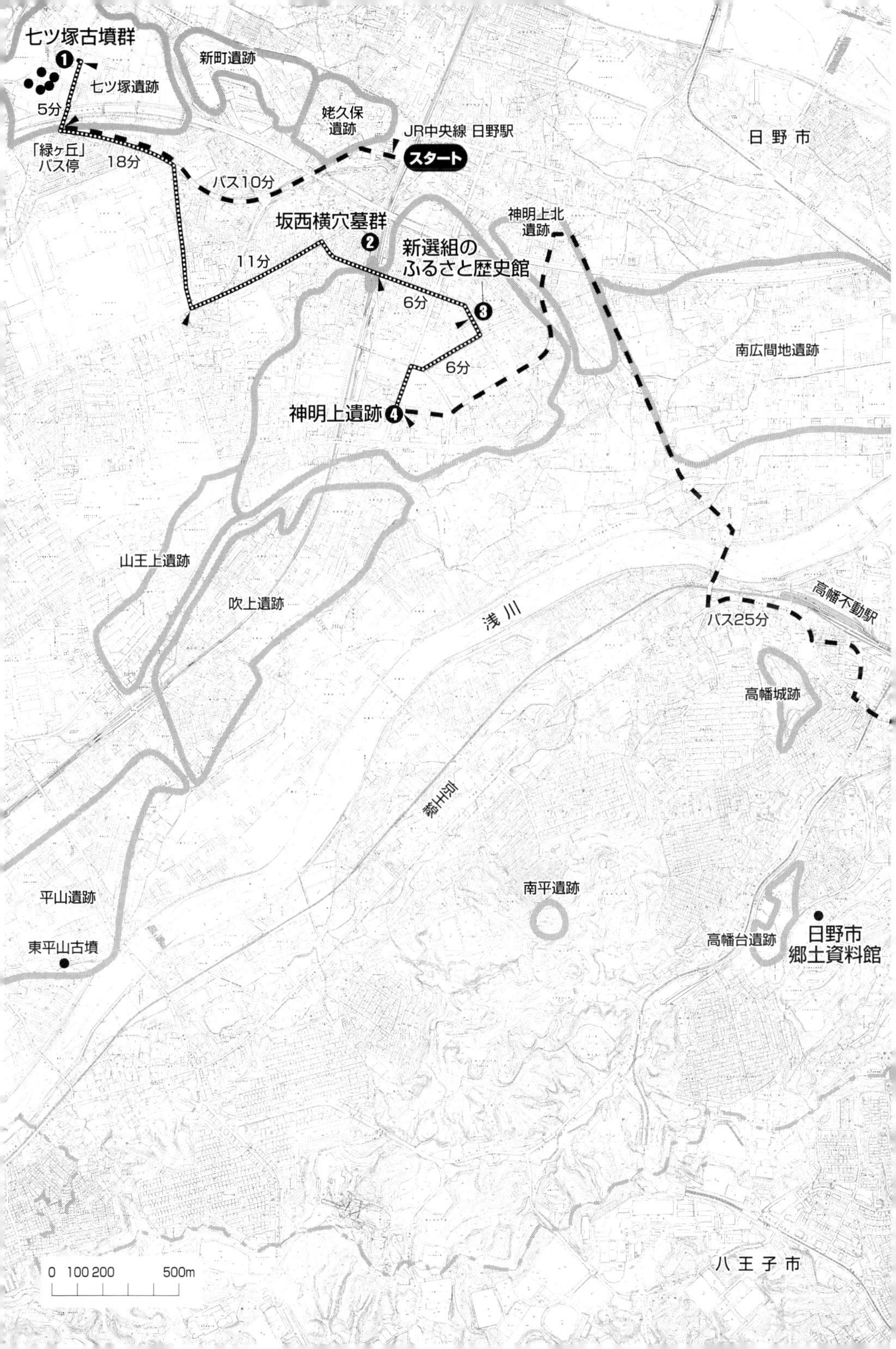
七ツ塚古墳群
1
七ツ塚遺跡
5分
「緑ヶ丘」
バス停
18分
新町遺跡
姥久保
遺跡
JR中央線 日野駅
スタート
バス10分
坂西横穴墓群
2
11分
新選組の
ふるさと歴史館
3
6分
6分
神明上遺跡
4
神明上北
遺跡
日野市
南広間地遺跡
山王上遺跡
吹上遺跡
浅川
京王線
高幡不動駅
バス25分
高幡城跡
南平遺跡
平山遺跡
東平山古墳
高幡台遺跡
日野市
郷土資料館
八王子市
0 100 200 500m

七ツ塚古墳群

日野市新町五丁目二三

map 1

このコースはJR中央線日野駅から西方一・五キロの七ツ塚《ななつづか》古墳のある七ツ塚公園を起点にします。日野駅前から豊田行きバスの緑ヶ丘で下車し、中央自動車道の陸橋を北へ五分ほど歩いた七ツ塚公園の一角が七ツ塚古墳群です。周辺は新築の住宅地とブルーベリー園や野菜畑になっています。

七ツ塚古墳群は、多摩川の氾濫原と谷地川《やじがわ》を北に望む日野台地の北縁にあり、七つの塚が知られていて、六基が現存しています。古刀毘羅宮《ことひらぐう》の祀られた一号墳に七ツ塚古墳標識があります。一号墳の南西一五〇メートルに梅林と畑があり、そのなかに五基の小さな古墳がみられます。径五メートル、高さ一メートルの墳丘で、砂《さ》岩切石積《がんきりいしづみ》み横穴式石室《よこあなしきせきしつ》が残存しています。

一号墳は直径一五メートル、高さ三メートルで、一八九四年（明治二七）に、地元住民によって横穴式石室から鉄刀《てっとう》五点が発掘されました。北斜面の雑木林にある二号墳は、一九五四年に明治大学と日野史談会により発掘されました。全長四・八メートルの砂岩切石積みの横穴式石室で、わずかな胴張《どうば》り（玄室《げんしつ》の中央が三味線の胴のように丸くカーブしている）があり、七世紀前半の古墳と判断され

七ツ塚古墳群3・4号墳　手前が3号墳、木々の奥にみえるのが4号墳です。

七ツ塚古墳群1号墳　古刀毘羅宮の祀られた市指定史跡七ツ塚古墳です。

ます。また明治初年には四号墳から、武人男子埴輪《はにわ》と女子埴輪が発見されました。島田髷《しまだまげ》を結って櫛《くし》をさし、耳輪を付けた女子埴輪は、大田区の三島塚《みしまづか》古墳の女子埴輪とともに、東京の埴輪としてめずらしい例です。ほかの古墳からも円筒埴輪《えんとうはにわ》片が採集されており、七ツ塚古墳群は六世紀中頃から七世紀前半にかけての谷地川流域を支配した族長《ぞくちょう》層の古墳と考えられます。

七ツ塚古墳群の東側には七ツ塚遺跡があります。一九九三年から土地区画整理事業にともない、七ツ塚遺跡調査会によって発掘調査されました。後期旧石器時代の石器群、縄文時代中期の三〇〇軒を超す住居址群、古墳時代前期の集落跡が明らかになりましたが、古墳時代後期の集落は発見されませんでした。七ツ塚古墳群を構築した集団は、どこに集落を構えていたのか謎のままです。

坂西横穴墓群

日野市大坂上一丁目一一

map 2

新町《しんまち》五丁目から大坂上《おおさかうえ》中学校前を経由して中央線西側の大坂上一丁目を歩いていくと、神明橋《しんめいばし》下の斜面に坂西横穴墓群《さかにしよこあなぼ》があります。道路工事中に発見され、一九七四年に日野市遺跡調査会によって七基が調査されました。そのうち三基が保存され、都史跡に指定されました。現在は埋め戻されており、標示板が立てられています。内

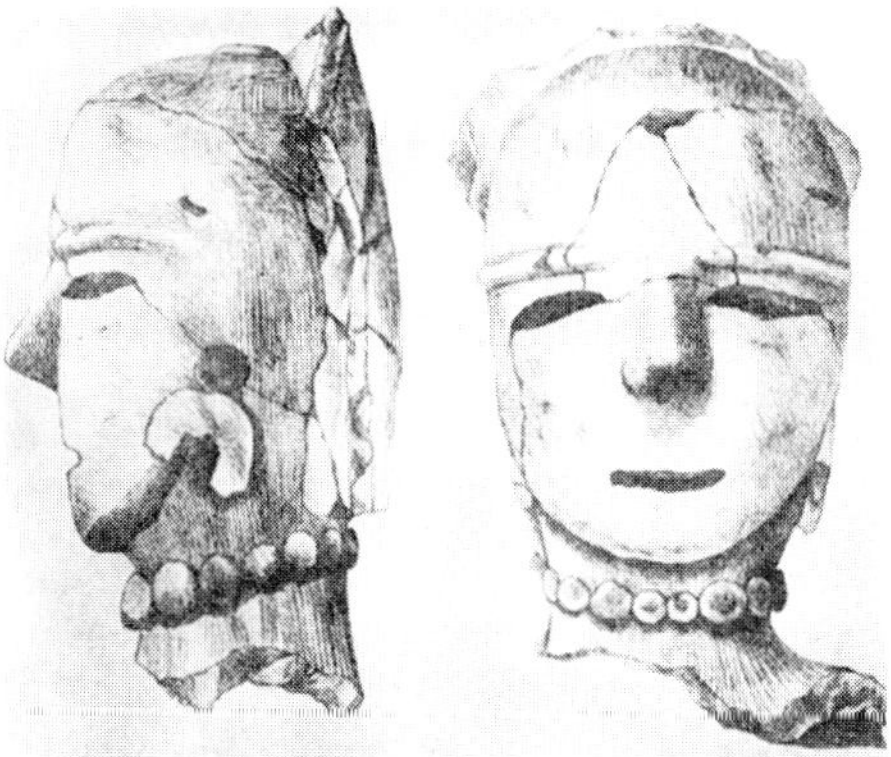

女子埴輪　島田髷を結って櫛をさし耳輪をつけ、柔和な笑みをたたえています。

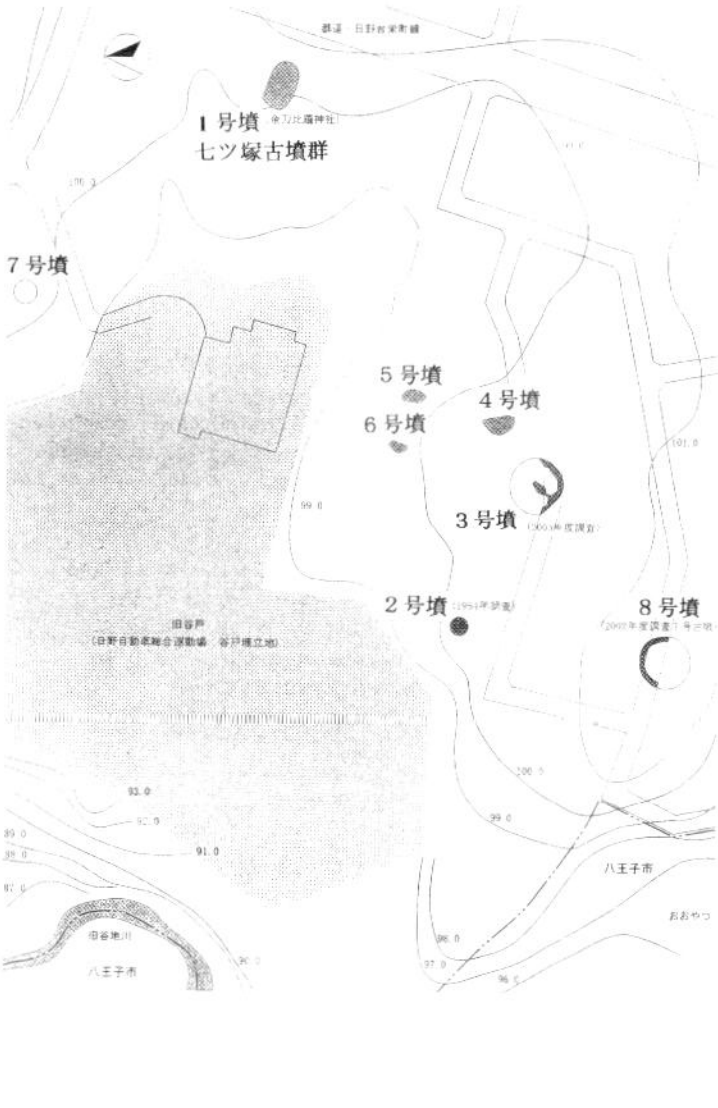

七ツ塚古墳群の分布図　新町5丁目の畑と林に6基が現存しています。

部の見学はできません。案内板には、横穴墓の構造図や付近の地形などが描かれています。

七基の坂西横穴墓群は、いずれも両袖形《りょうそで》（羽子板のように玄室《げんしつ》の左右が広がっている）の横穴墓です。一号墓は、玄室の壁に白色の粘土が塗られ、人と馬と鳥の線刻画と「永仁《えいにん》二年」（一二九四）の線刻文字が発見されました。白色に塗られた装飾横穴墓はたいへんめずらしいものです。この一号墓は、七世紀後半につくられた家長層の墓であり、線刻文字は鎌倉時代に盗掘者が当時の年号を落書きしたものでしょう。

新選組のふるさと歴史館

日野市神明四丁目一六—一

map 3

神明橋を東へ進み、実践女子短大の北に日野市立新選組のふるさと歴史館があります。日野市に土方歳三《ひじかたとしぞう》と井上源三郎の生家があることから、新選組の資料を展示しています。しかし、この館は元あった「日野市ふるさと博物館」を二〇〇四年NHK大河ドラマ「新撰組！」にあわせて新撰組の専門館としたものです。市が観光を優先し文化財行政を冷遇したもので、元に戻すべきでしょう。

なお、日野市ふるさと博物館は二〇〇五年度、日野市郷土資料館と改称し、高幡不動《たかはたふどう》駅南一・五キロの高幡台団地内の日野市教育セ

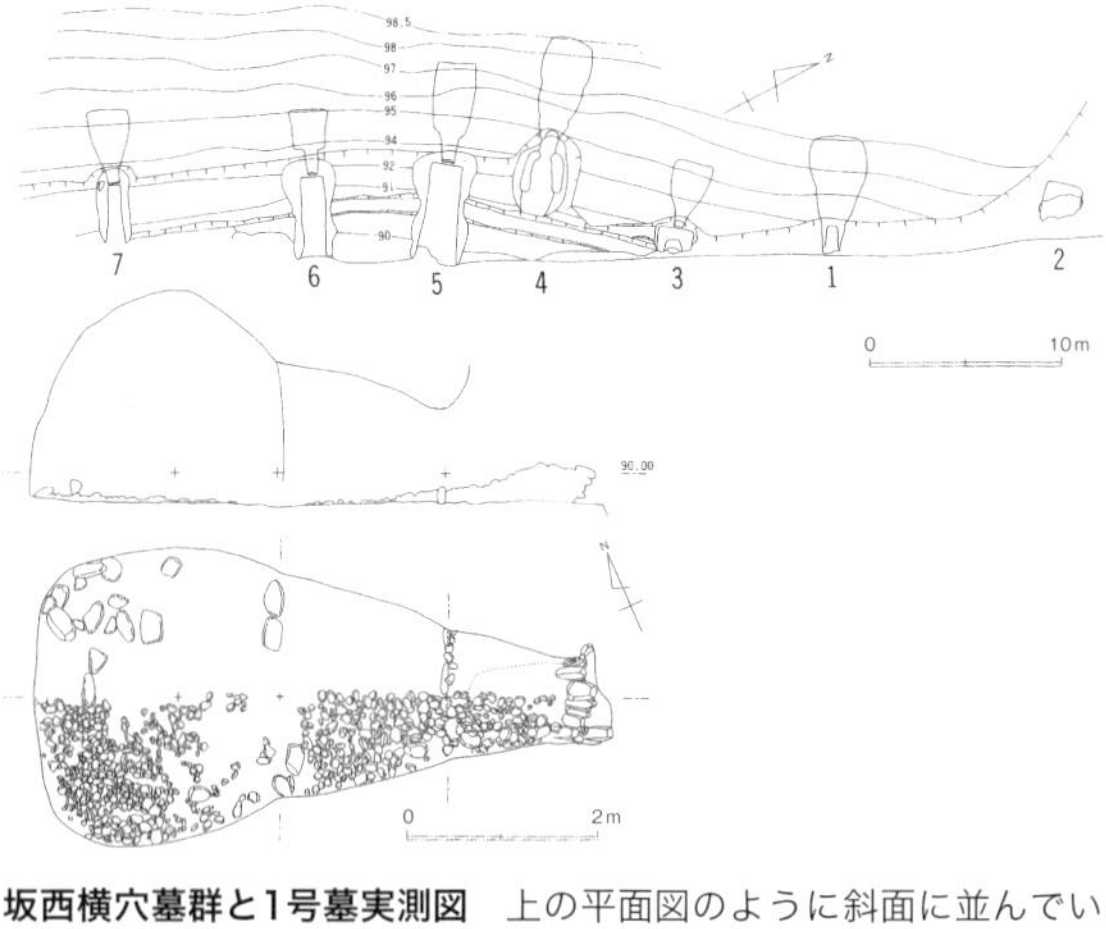

坂西横穴墓群と1号墓実測図　上の平面図のように斜面に並んでいます。1号墓は入口がすぼまり奥が広くなっています。

坂西横穴墓群の案内板　現在は埋め戻されて見学することはできません。

ンターへ移転しました。元小学校の教室を展示室として、日野市の原始・古代・中世・近世の歴史を常設展示しています。

過去に調査された市内の考古資料はここで見学できます。学芸員の努力により、考古・民俗・自然の体験学習や真慈悲寺《しんじひじ》の歴史講座を開催するなど積極的に運営されています。

神明上遺跡

日野市神明二丁目一三

map 4

実践女子短大を南へ行くと、神明上《しんめいうえ》遺跡のある日野市役所と日野中央公園です。

神明上遺跡は日野台地の神明周辺に広がる集落遺跡です。一九六〇年代から日野市遺跡調査会により発掘調査がくり返しおこなわれ、古墳・奈良・平安時代の遺構・遺物が多数発掘されています。

日野市役所・市民会館の土地も遺跡ですが、南に隣接する日野中央公園には、雑木林の中に遊歩道や芝生があり、南西に古代の復元家屋が設けられています。これは神明上遺跡で発掘された奈良時代の竪穴住居址《たてあなじゅうきょし》を復元したものです。茅葺《かやぶ》き屋根に側柱《そくちゅう》と草壁があり、なかに竈《かまど》を備えた正方形の住居が復元されています。壁のある復元住居としてユニークなものです。学校や生涯学習の体験講座でもっと活用したい施設です。

日野市立新選組のふるさと歴史館

神明上遺跡復元住居　4.5×4mの正方形をした奈良時代の竪穴住居です。内部の見学は市教育委員会文化財課へ申し込んでください。

日野市郷土資料館ガイド　開館時間：9時から17時まで。入館料：無料。休館日：月曜日。交通：京王線高幡不動駅下車徒歩15分、多摩モノレール程久保駅下車徒歩7分。連絡先：042（592）0981。市内の考古資料はここで見学できます。

百草園・松蓮寺跡・百草城跡

日野市百草八五〇付近

map 5

神明上遺跡からバスか電車を利用して百草園《もぐさえん》にむかいましょう。日野市役所、または実践女子短大前バス停から桜ヶ丘車庫行きのバスを利用して百草園で降ります。または京王線高幡不動駅から電車に乗り、百草園駅で下車し、南へ坂道を一二分上ると、京王電鉄が経営する百草園に着きます。

百草園は、一七二一年（享保六）に小田原藩主大久保忠隣《ただちか》の側室であった寿昌院《じゅしょういん》が再興した松蓮寺《しょうれんじ》の庭園です。文化文政年間に大《おお》田蜀山人《たしょくさんじん》や明治期に若山牧水《わかやまぼくすい》など、多くの文人に名園として親しまれました。春の梅、初夏の紫陽花《あじさい》、秋の紅葉など、四季折々の花が楽しめ、観梅会や撮影会も催されています。また、百草の丘陵一帯は、百草園松連庵の西の尾根を櫓台《やぐらだい》として、平場《ひらば》と堀切《ほりきり》が存在する百草城跡の一角です。宮田太郎によると、南北朝時代の足利氏、戦国時代の北条氏の物見《ものみ》の城とされています。

百草八幡神社・百草観音堂

日野市百草八四七付近

map 6

百草園の南に百草八幡神社と百草観音堂が隣接しています。百草園と百草山の一帯は真慈悲寺跡です。

右上：百草園松連庵
右下：松連庵の中世瓦展示　松連庵四阿付近で出土。真慈悲寺のものと思われます。

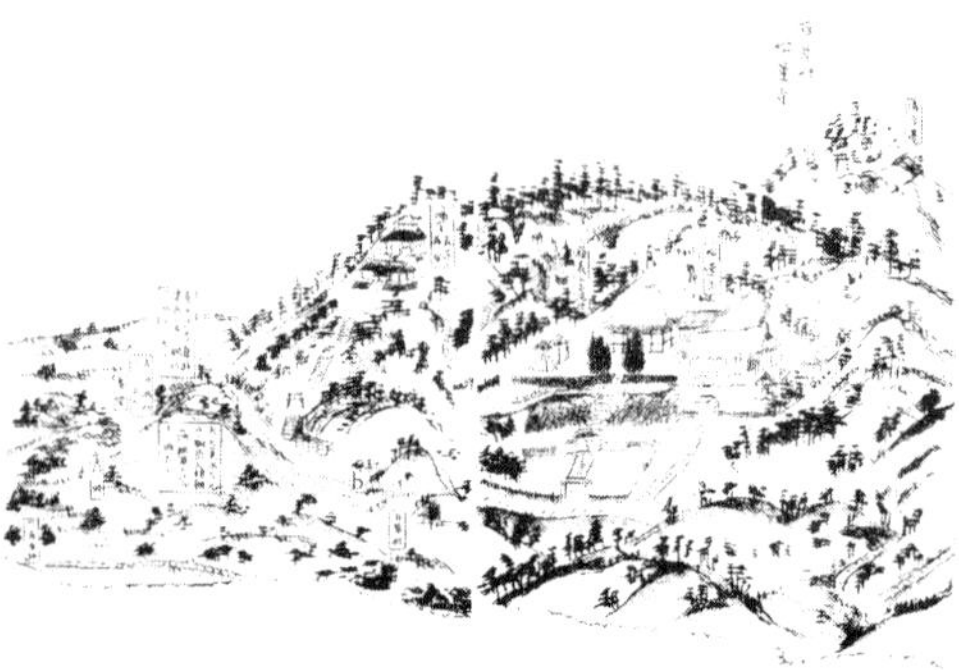

『武蔵名勝図会』百草村松蓮寺　江戸時代の松蓮寺と百草観音堂の景観が描かれています。

百草八幡神社に本地仏《ほんちぶつ》として収蔵されている金銅阿弥陀如来坐像には「建長二年　武州多西吉富《たさいよしとみ》　真慈悲寺」の銘文があります。また『吾妻鏡《あずまかがみ》』建久三年（一一九二）に、将軍家の祈祷寺《きとうじ》として武蔵真慈悲寺の僧侶が鎌倉の法要に参列している史料があることから、百草には松蓮寺以前に真慈悲寺があったといわれてきました。

さらに一九八九年から松連庵の東側で、蓮華唐草文《れんげからくさもん》のある大量の一三世紀の中世瓦が発掘されたため、日野市や峰岸純夫ら歴史研究者が「幻の真慈悲寺調査プロジェクト」の総合調査を継続しており、真慈悲寺が百草園から仁王塚《におうづか》遺跡にかけて広がっていたことが確定的になってきました。百草園松連庵には古瓦が展示されています。

倉沢緑地

日野市百草七三二付近

map 7

百草の倉沢《くらさわ》緑地・万蔵院台《まんぞういんだい》緑地は日野市内に残された里山です。市有地の倉沢第一・第二緑地および万蔵院台緑地の雑木林を中心として、「倉沢里山を愛する会」が雑木林の維持、里山の動物・植物の保護・活用のための活動をおこなっています。毎月の活動は、民間農園アリスの丘ファームと風の丘ファームと連携しておこなわれています。近くには養鶏場もあり、生産緑地として丘陵と里山が生かされている好例です。

倉沢緑地　「倉沢里山を愛する会」が雑木林の維持、里山の動植物の保護などの活動をしています。

百草八幡神社本地仏・金銅阿弥陀如来坐像
高さ41cmの仏像で背面に銘文があります。

map 8 万蔵院台古墳群

日野市百草七一〇付近

倉沢緑地につづく百草丘陵には、縄文時代中期と古墳時代後期の集落跡の万蔵院台遺跡と万蔵院台古墳群があります。

万蔵院台古墳群は一九七五年に調査された古墳時代後期の円墳三基で、南側斜面に近い畑地で石室をみることができます。川原石積みの横穴式石室で、石室の平面形はやや胴張りがあります。この地域には、同じ時期の古墳に切石積みの石室と川原石積みの石室をもつものがあります。この石室の違いは、葬られた族長の階層の違いを示すものでしょう。

map 9 中和田横穴墓群

多摩市和田一一八二付近

万蔵院台から南に農道を下りてくると野猿《やえん》街道に出ますが、この丘陵下の多摩厚生荘病院・十二社《じゅうにしゃ》神社・大乗寺《だいじょうじ》　橘霊園《たちばなれいえん》内で調査された一七基の横穴墓群が中和田《なかわだ》横穴墓群です。七世紀後半の横穴墓です。大乗寺墓地の上部緑地ぎわに埋没して現存しますが、標識はありません。

この横穴墓群の墓室は胴張り複室で、このような胴張りをもつ二つの玄室がある形をした墓室は、同じ地域の稲荷塚《いなりづか》古墳や万蔵院台

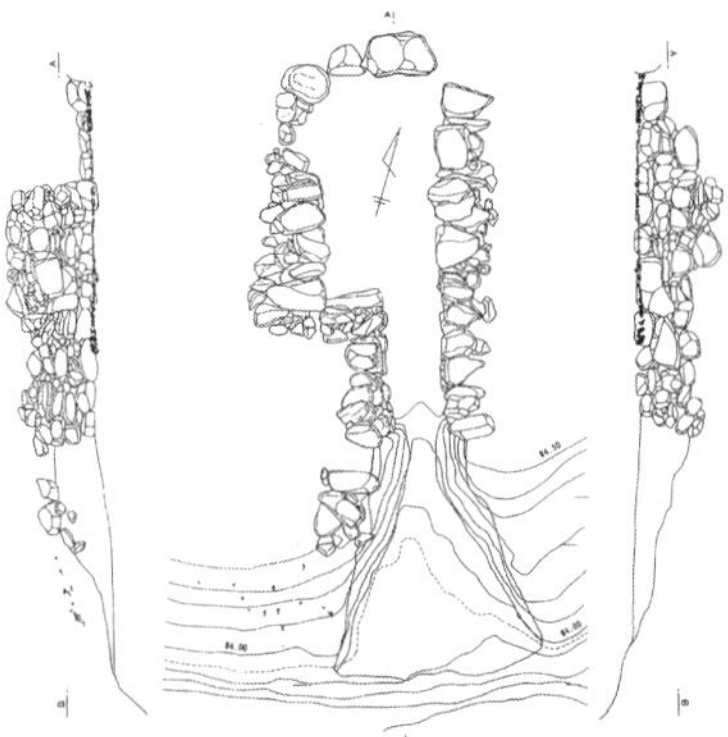

万蔵院台2号古墳の石室図　長さ3.7mの川原石積み片袖式横穴式石室で、直刀・鉄鏃・須恵器高坏・土師器坏が出土しました。6世紀末の在地家長層の古墳とみられています。

万蔵院台2号古墳　径10m、高さ0.8mの円墳です。手前にみえる石積みが横穴式石室。

古墳の横穴式石室とも共通した墳墓のつくり方です。同じ系統の墓づくり工人がつくったか、あるいは渡来系氏族がこの中に葬られた可能性が高いと考えられます。

横穴墓入口の墓前域《ぼぜんいき》といわれる石積みは、入口のローム土の崩れるのをふせぎ、墓の荘厳さを保つための施設であると考えられています。墓前域は、武蔵国分寺周辺の国分寺市内藤新田《ないとうしんでん》横穴墓・日野市梵天山《ぼんてんやま》・坂西横穴墓群、そして相模国分寺近くの座間《ざま》市鈴鹿《すずか》横穴墓群などにもあることから、奈良時代の国分寺造営にかかわる氏族の家族墓との見方もあります。

塚原古墳群

多摩市和田八一付近

map 10

野猿街道から大栗川《おおくりがわ》を渡ってすぐの和田には、江戸時代には五〇カ所の塚があったため、塚原《つかっぱら》の地名があります。現在、径一八〜一〇メートルの円墳八基が確認されています。一号墳は径九メートル、高さ二メートルの円墳で民有地内にあり、石室の一部が露出しています。直径一八メートルの六号墳は、川原石積みの胴張り複室の横穴式石室に、直刀《ちょくとう》・刀子《とうす》・金銅製耳環《じかん》が副葬されていました。

塚原古墳群は古墳時代後期、六〜七世紀の典型的な群集墳です。つぎの稲荷塚古墳に葬られた首長よりは階層の低い家長層の墳墓と

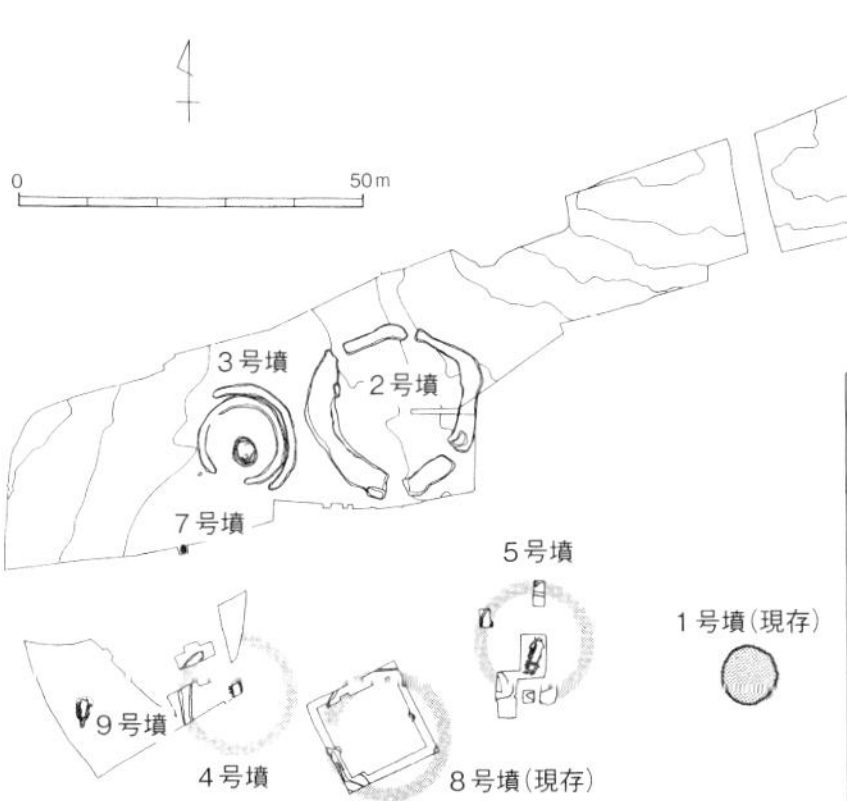

塚原古墳群　和田中入口信号の南側に、川原石積みの石室をもつ古墳が8基集中しています。1号墳と8号墳が現存しています。

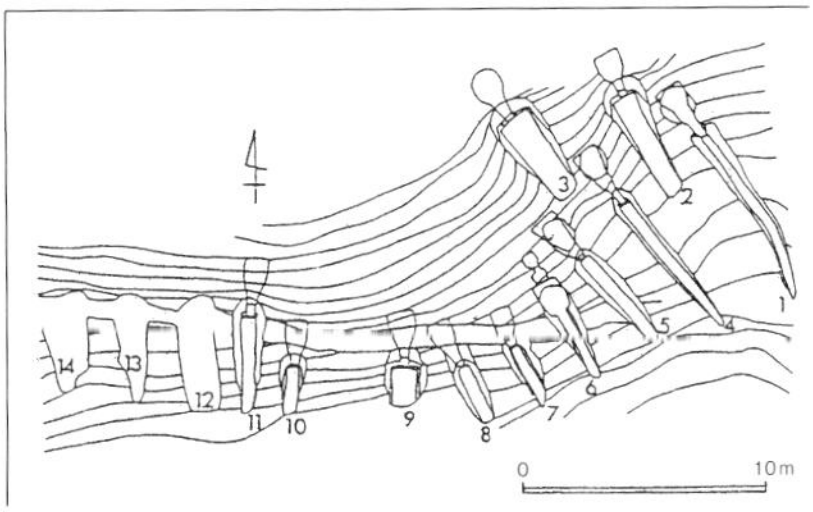

中和田横穴墓群の全体図　橘霊園の上段に、胴張りのある横穴墓が14基並んでいます。

考えられます。

稲荷塚古墳

多摩市百草一一四〇

map 11

恋路《こいじ》稲荷社の稲荷塚古墳は古墳時代後期、七世紀第1四半期の八角形墳で、径三四メートル、高さ四メートル、二段に築成された古墳です。明治時代に稲荷神社が建てられたときに古墳の頂上が削られ、石室の天井石がなくなりました。

多摩地方の古墳調査として、一九五二年に三木文雄が胴張り複室の横穴式石室を発掘し、一九七〇年には保存のために國學院大學乙《おと》益重隆《ますしげたか》により石室図がつくられ、覆屋《おおいや》が設けられました。一九八六、九〇年の多摩市教育委員会による範囲確認調査によって墳丘のまわりの周溝に直線的な稜があり、八角形墳であることがわかりました。一九九四年、墳丘《ふんきゅう》と石室の遺存確認のための調査がおこなわれ、その後露出していた石室は埋められ、色で平面表示されています。墳丘裾の貼石《はりいし》（外護列石）は八角形墳の特徴をもっていますが、畿内の版築《はんちく》積みの八角形墳とは異なっています。

埋葬施設は、切石切組積み胴張り複室構造の横穴式石室です。石材は凝灰岩《ぎょうかいがん》で、多摩丘陵の大栗川の崖《がけ》など近くの露頭で採石しています。遺物については、石室からは副葬品がみられず、周溝埋土か

稲荷塚古墳　幅2mの周溝にかこまれた直径34m、高さ4mの二段に築かれた古墳です。周溝内部の幅6mのテラス状の1段目と径22mの墳丘2段目があり、裾に凝灰岩を外護列石として貼り付けてあります。

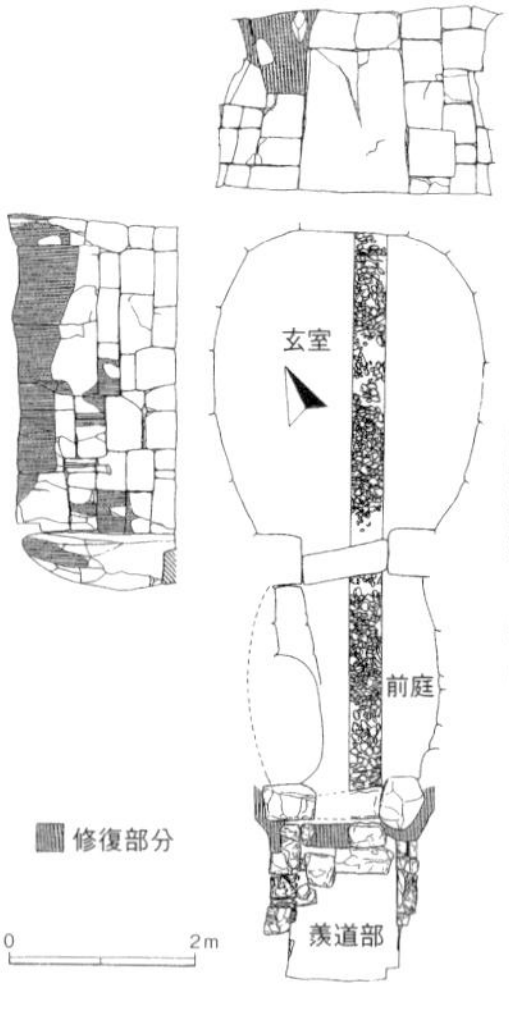

稲荷塚古墳の石室図　切石切組積み胴張り複室構造の横穴式石室で、全長7.7m、玄室の長さ3.8m・幅3m、前室長2.3m・幅1.7m、羨道長1.6m・幅1.2mです。

ら古墳時代後期の土師器《はじき》片が出土しています。

稲荷塚古墳は、周辺の臼井塚《うすいづか》古墳や庚申塚《こうしんづか》古墳などからなる古墳群の盟主墳で、しかも川原石積み横穴式石室の塚原古墳群とは埋葬施設が異なっています。七世紀に多摩地域の開拓を進めるために大和王権から派遣された有力氏族、あるいは百済《くだら》系の渡来人集団に属した首長の可能性が考えられます。

これに対して、胴張り石室は六世紀から七世紀代であり、西日本の先進的な墓づくりの工人を抱えてつくらせたもので、石室の死者は在地集団の家父長層以上の人物であったとする説もあります。

臼井塚古墳

多摩市百草一一二〇

map 12

稲荷塚古墳の西五〇メートルの臼井家内に埋まっている円墳で、墳丘はありません。一九五二年に石室が調査されました。稲荷塚古墳と同じ凝灰岩切石積みの複室構造横穴式石室ですが、前室は長方形でサイズは小さく、七世紀第2四半期に位置づけられています。渡来系集団のものと思われます。

和田・百草遺跡

多摩市和田、百草

map 13

和田、百草の丘陵に、縄文早期の炉・縄文中期の住居址とともに

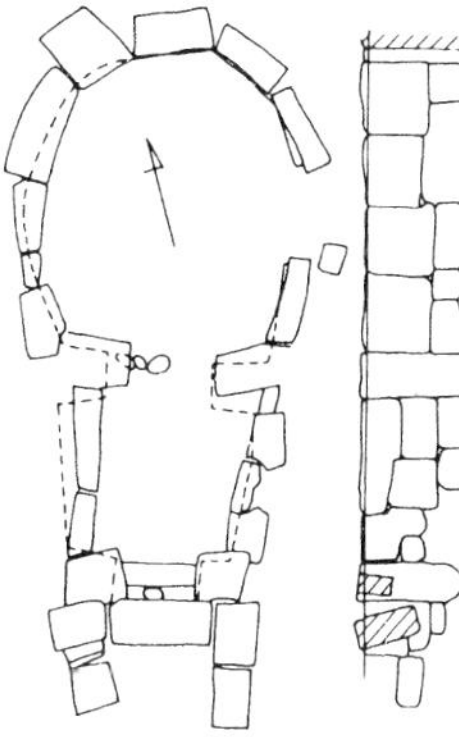

臼井塚古墳の石室図　稲荷塚古墳と同じく切石切組積み胴張り複室構造の横穴式石室です。

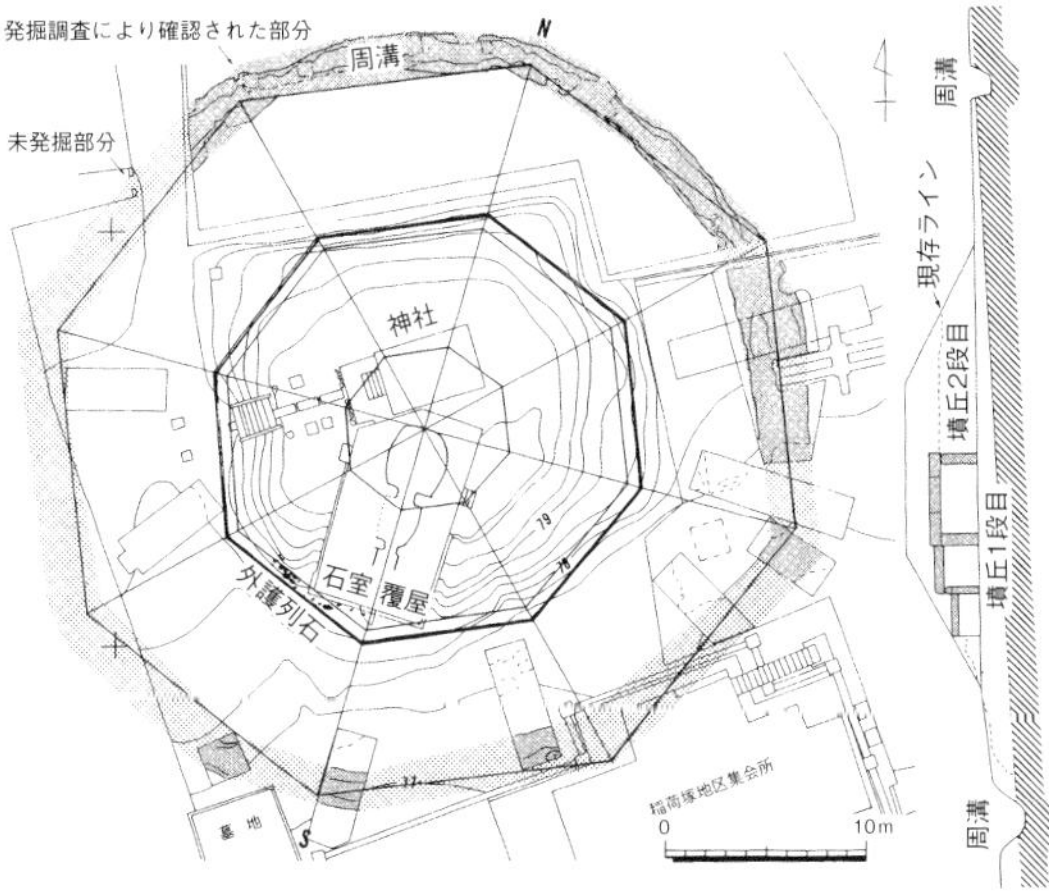

稲荷塚古墳の復元想定図　めずらしい八角形墳で、7世紀前半の、中央の大和王権と関係の深い首長の墓と考えられます。

古墳時代前期・後期の竪穴住居址三二軒、方形周溝墓《ほうけいしゅうこうぼ》二基が調査されています。この地域の古墳群をつくった母体になる集落跡でしょう。宅地化されているので、現状では標識もなく、わかりにくい遺跡です。多摩市総合体育館の東寺方《ひがしてらかた》遺跡調査では、縄文・古代集落跡が発見されました。

さて、東寺方図書館から一ノ宮交差点を北へ向かいます。京王線を越えると、西側は都営落川《おちかわ》第2アパートです。

落川一の宮遺跡

日野市落川、多摩市一ノ宮

map 14

京王線の北東側、多摩川南岸の沖積地《ちゅうせきち》には、多摩屈指の古代集落跡が広がっています。落川一の宮遺跡です。その一部が落川遺跡公園として都営落川アパート9号棟南に保存され（都史跡）、各時代ごとの住居址が色別表示され、説明プレートが埋め込まれています。

落川一の宮遺跡の発掘調査は、都営住宅建設と都道建設のために一九七八～九七年の二〇年間、落川遺跡調査会によっておこなわれました。この結果、古墳時代中期から江戸時代までの竪穴建物八七一軒、掘立柱建物《ほったてばしらたてもの》三四二棟、土坑《どこう》二二七七など多数の遺構が発見されました。古墳周溝も発見され、稲荷塚古墳など周辺の古墳群造営の母体となった拠点集落です。

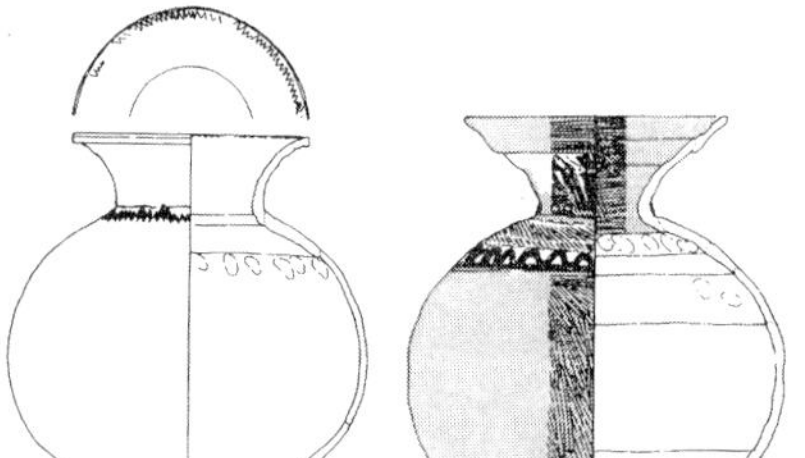

和田・百草遺跡出土の古墳時代前期の土器
壺は口縁が開き、頸に縄文が施され、赤色顔料が塗られています。

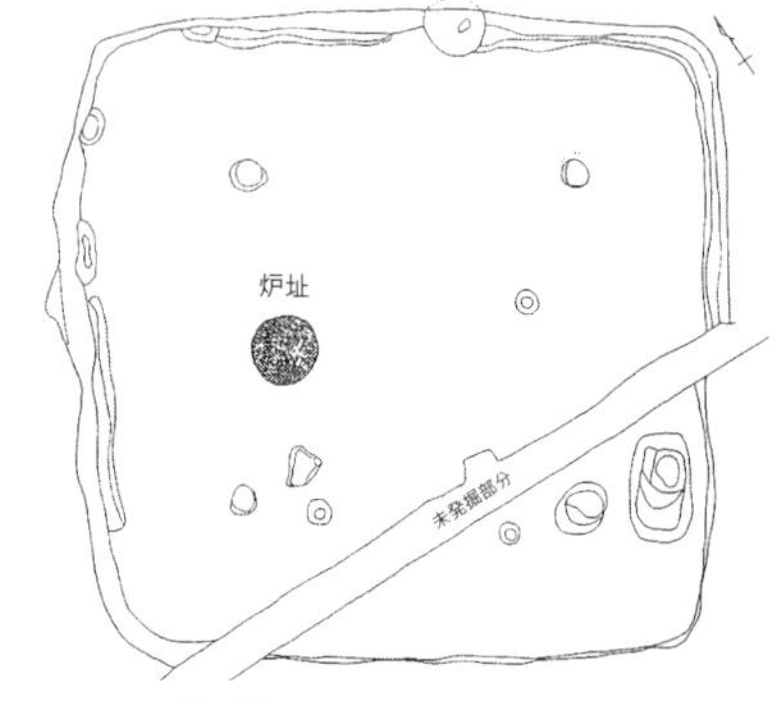

和田・百草遺跡群6号住居址　この地域に古墳をつくった母体となる古墳時代前期の集落です。

古墳時代中期の祭祀に使われた子持ち勾玉《まがたま》、奈良時代の剣菱単弁《けんびしたんべん》蓮華文軒丸瓦《れんげもんのきまるがわら》、和銅《わどう》七年（七一四）の年号のある紡錘車《ぼうすいしゃ》（糸紡《つむ》ぎの道具）、平安時代の馬具、「土」の焼印（多磨郡土渕郷《つちぶちごう》の郷名）、馬骨などのおびただしい遺物が出土しています。

平安時代には、この集落は多磨郡小野郷《おののごう》の中心集落で、小野神社に近接し、九三一年（承平元）皇室の勅旨牧《ちょくしまき》になった小野牧の管理をおこない、多くの馬を飼っていたことが推定されています。

小野神社

多摩市一ノ宮二丁目一八

map 15

京王線北側を東へ進むと、社叢がみえます。小野《おの》神社です。この神社は延喜式《えんぎしき》の神名帳の小野神社に比定され、中世には武蔵国一之宮として総社六所宮（府中市の大國魂《おおくにたま》神社）にも祀られた古社です。七七二年（宝亀三）の太政官符《だいじょうかんふ》に朝廷の幣帛《へいはく》（供え物）をあずかる多磨郡小野社として初めて記され、平安後期には小野牧を管理する小野氏（後の横山党）によって祀られ、繁栄しました。

神社には朱塗りの社殿と、都有形文化財の木造随身倚像《ずいしんいぞう》が二体あります。境内からは奈良・平安時代の布目瓦《ぬのめがわら》が採集されており、古代の官衙《かんが》の可能性があります。

小野神社より東へ一〇分歩くと、京王線の聖蹟桜ヶ丘駅です。

落川遺跡出土の7世紀後半の土器

落川遺跡公園　落川一の宮遺跡の一部で、各時代ごとの住居址が色別で表示されています。

小野神社　平安時代の小野郷の中心地にあります。

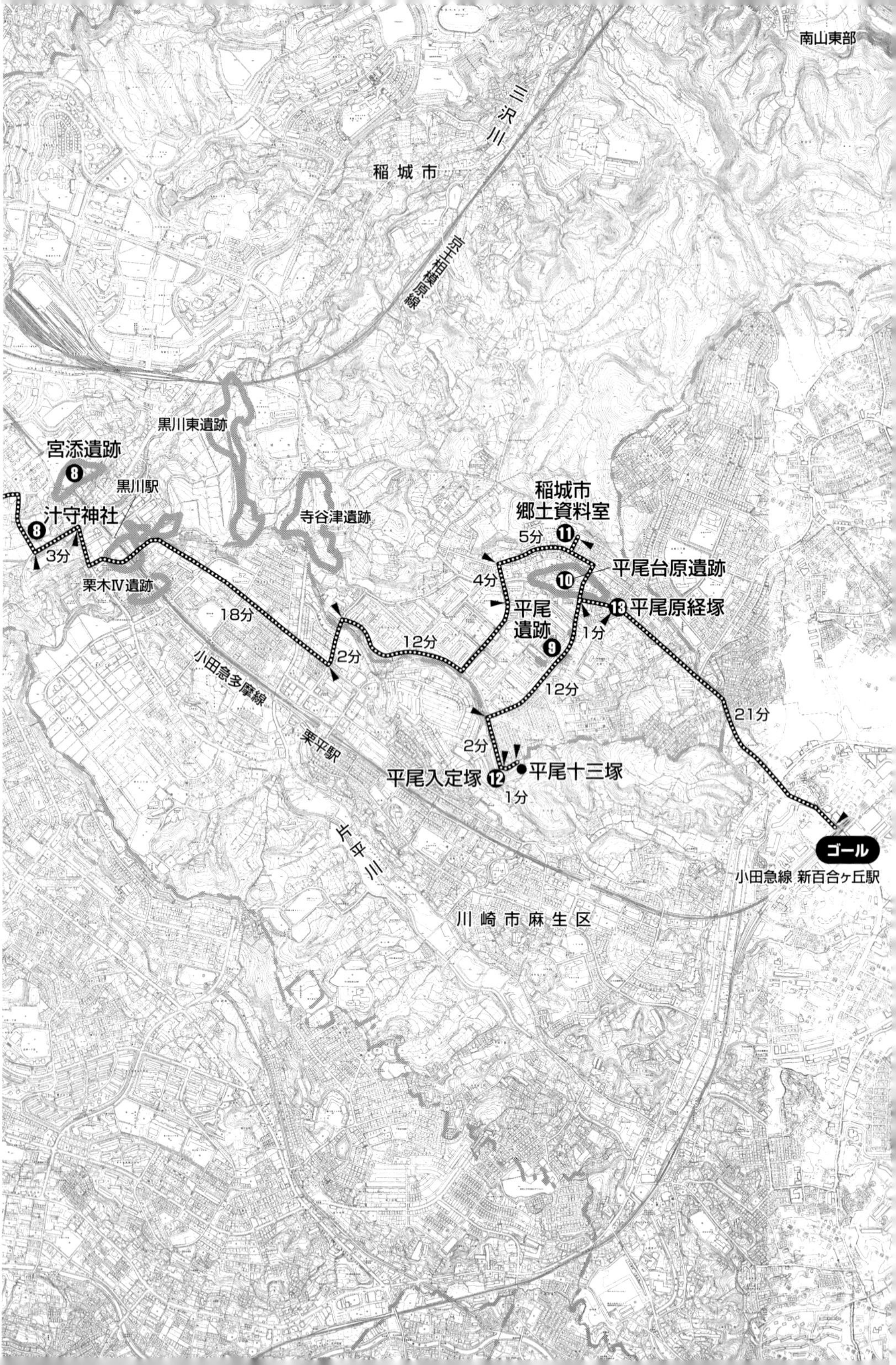

南山東部
三沢川
稲城市
京王相模原線
黒川東遺跡
宮添遺跡
8
黒川駅
汁守神社
8
3分
寺谷津遺跡
栗木Ⅳ遺跡
18分
2分
12分
稲城市
郷土資料室
11
5分
4分
平尾台原遺跡
10
平尾原経塚
13
平尾
遺跡
9
1分
12分
21分
小田急多摩線
栗平駅
2分
平尾入定塚
12
平尾十三塚
1分
三沢川
ゴール
小田急線 新百合ヶ丘駅
川崎市麻生区

❽ 多摩ニュータウンの歴史遺産を歩く

多摩丘陵の乞田川、三沢川流域の縄文・弥生・古墳時代・古代の集落跡と中世・近世の塚をめぐるコース。多摩ニュータウンの開発で発掘された遺跡を学びます。

パルテノン多摩歴史ミュージアム

多摩市落合二丁目三五

map 1

多摩ニュータウン開発で発掘された遺跡と、それでもまだ残っている自然と歴史遺産を訪ねます。

京王相模原線・小田急多摩線多摩センター駅は、多摩ニュータウンの中心で、現代の人工的な商店街が広がっています。駅からパルテノン大通りを南へ五分ほど歩くとパルテノン多摩があり、その一階に歴史ミュージアムがあります。

博物館の常設展示は「多摩丘陵の開発」をテーマにし、「多摩丘陵の開発のはじまり」、「近代化と多摩丘陵」、「多摩ニュータウンの誕生」、「変わりゆく多摩ニュータウン」という四つの柱で展示しています。ことに多摩市稲荷塚《いなりづか》古墳の模型・パネル、念仏供養の画像板碑《いたび》は見どころです。企画展や多摩市の遺跡展も開催され、里山の自然・民俗の図録や紀要も揃っています。

パルテノン多摩のある多摩中央公園には、江戸時代の民家旧富澤家住宅が移築されています。富澤家は江戸時代中期に、地元多摩市の旧連光寺《れんこうじ》村の名主でした。家は草葺《くさぶ》き入母屋《いりもや》造り（現在は銅板葺）で、内部には式台《しきだい》付き玄関、江戸時代末の深山白鷹《みやまはくよう》の襖絵《ふすまえ》があります。茶会などの集会施設として活用されています。

多摩センター駅前

パルテノン多摩歴史ミュージアムガイド
開館時間：10時から18時まで。入館料：無料。休館日：施設点検のため毎月2〜3日間と年末年始。連絡先：042（375）1414。

東京都埋蔵文化財センター

多摩市落合一丁目一四—一

map 2

多摩中央公園から多摩美術大学美術館ときらびやかなサンリオピューロランドの間を歩いていくと、縄文の村と東京都埋蔵文化財センターへ着きます。東京都埋蔵文化財センターは、一九八〇年、都内の遺跡の発掘調査や研究をおこない、文化財保護・啓発をはかる目的で設立されました。

現在の建物は、一九八五年、多摩ニュータウン№57遺跡の西側部分を発掘調査したあと、保存されて公園となった所に建設されました。ここは都内の遺跡調査の基地であるとともに、出土遺物収蔵施設を備え、収蔵品を展示するためのホールがあります。

常設展示「多摩のむかしを訪ねて」は、これまで調査された多摩ニュータウン地域の遺跡から出土した後期旧石器時代から縄文・弥生・古墳・奈良・平安・中世・近世にいたる多摩丘陵の歴史が展示されています。「速報展示コーナー」では、都内各地で発掘調査に従事している埋文センター各分室の最新の調査成果を紹介しています。企画展示も開催されています。また縄文土器つくりや編布《あんぎん》編《あ》みや勾玉《まがたま》作りなど体験教室、文化財講座も積極的に開催しています。

多摩ニュータウン遺跡群の保存には、多摩ニュータウン新住民の

東京都埋蔵文化財センターガイド
開館時間：9時30分から17時まで。入館料：無料。休館日：年末年始（12月29日〜1月3日）。連絡先：042（373）5296。

旧富澤家住宅　多摩中央公園南西部にある格式の高い古民家です。

北川鉄夫・石川舜《しゅん》ら文化人・市議・市民などからなる「多摩ニュータウン遺跡を守る会」が活躍しました。会は遺跡調査見学やシンポジウムを開催し、遺跡保存のための要望運動を展開しました。調査会・文化財行政担当者の努力によって、大集落跡や部分保存を含めて約二〇〇カ所の遺跡が公園緑地のなかに保存されました。

また八王子市堀之内柚木《ゆぎ》地区の鈴木昇ら酪農農家は、農業と自然環境を守る運動をつづけ、一部を開発区域から外すことに成功しました。「ユギ・ファーマーズクラブ」が支援して、乳牛生産者と消費者が連携する営農活動がつづけられました。

遺跡庭園縄文の村

多摩市落合一丁目一四

map 3

東京都埋蔵文化財センターに隣接する遺跡庭園「縄文の村」は、多摩ニュータウンNo.57遺跡を保存して、縄文の景観を復元した史跡公園です。

No.57遺跡では、縄文時代前期・中期の竪穴住居址《たてあなじゅうきょし》一〇軒、土坑《どこう》六一基が発掘されました。そのうち三棟の住居が復元されています。住居内の炉で火を焚いて当時を再現するとともに、茅葺《かやぶ》き屋根を煤で強化しています。敷石《しきいし》住居址の造形復元（遺構の型取り）もあり、公園内は土器作り・火起こしの体験講座の場として、動態的な体験

柚木19住区の鈴木牧場

上：遺跡庭園縄文の村
左：火の焚かれた炉をかこむ復元敷石住居

Zoom Up

多摩ニュータウンと遺跡群

多摩丘陵は、かつては「陸の孤島」といわれ、緑でおおわれていました。それが一九六五年、丘陵の二八八四ヘクタールを造成して、三四万人の住宅をつくることが計画されました。

ブルドーザーが丘を削り、谷地《やち》を埋め、高層・低層の住宅が林立する、人口二〇万人の近代的な大住宅地へと変貌しました。

多摩ニュータウンの遺跡調査は一九六五年、多摩ニュータウン遺跡調査会（調査員六名）の調査から始まり、当初三八カ所だった開発地域内の遺跡数は、一九七二年の分布調査では五一二カ所に増加し、最終的には九六四カ所となりました。大規模で長期にわたる遺跡調査は「多摩ニュータウン方式」とよばれ、神奈川県の港北《こうほく》ニュータウンや大阪府の泉北《せんぼく》ニュータウンなど、全国の広域遺跡群緊急調査のモデルとなりました。

多摩丘陵一帯の広大な遺跡発掘作業・整理作業の仕事には、多い時期には毎日一〇〇〇人を超える人びとが従事しました。先祖伝来の土地を維持してきた農家の人びとも調査に協力しました。

多摩ニュータウンNo.72遺跡の発掘風景

型の活用がされています。

遺跡庭園にはトチノキ・クルミ・クリをはじめ五〇種類の樹木やゼンマイ・ワラビ・カタクリなどが植栽されて、縄文時代の植生が再現されています。

念仏供養板碑

多摩市貝取一丁目一五

map 4

縄文の村から線路に沿って行くと、豊ヶ丘北公園です。この公園の少し先に、貝取山《かいとりやま》緑地があります。この緑地の北の住宅地のなかに、鈴木安蔵家の堂があり、堂内に緑泥片岩《りょくでいへんがん》製の板碑《いたび》が四三基立てられています。

この板碑群は、江戸時代、一八二三年（文政六）に貝取村の地下穴蔵から発見されたと、関戸《せきど》の延命寺《えんめいじ》の記録にあり、中世の地下式土坑（墓）内から出土したものと推定されています。

なかでも念仏供養板碑は「文明二年　平三郎　念仏供養」の銘文があり、阿弥陀如来・勢至菩薩《せいしぼさつ》・観音菩薩の阿弥陀三尊来迎《らいごう》画像《がぞう》や天蓋《てんがい》・花瓶《けびょう》を刻んだみごとな武蔵型画像板碑の優品です。この板碑は、室町時代、一四七〇年（文明二）に貝取周辺にいた平三郎ら農民一〇人の念仏講の信仰集団が立てた「結衆《けっしゅう》板碑」です。

このほか多摩市には板碑が四〇〇基残っており、鎌倉街道沿いの

元亨2年（1322）の来迎画像板碑

文明2年（1470）の念仏供養板碑

念仏供養板碑のある鈴木家の堂

桜ヶ丘や落合の多摩ニュータウンNo.742遺跡では、多数の板碑が発見されています。

多摩市文化財資料展示室

多摩市永山四丁目九

map 5

貝取から鎌倉街道を南に一キロ進み、南貝取信号の所を左へ折れ、永山《ながやま》すずかけ通りへ入ります。すずかけ通りを歩いていくと、都立永山高校の東、道の左手に南永山社会教育施設があります。この旧学校施設の一部が、多摩市の文化財調査研究の基地でもある文化財資料展示室です。

多摩市内の指定文化財、鎌倉街道霞ノ関南木戸柵《かすみのせきみなみきどさく》跡、縄文・古墳時代の和田《わだ》・百草《もぐさ》遺跡、縄文晩期の新堂《しんどう》遺跡の遺物が並んでいます。多摩市の代表的な考古資料はパルテノン多摩にも展示されていますが、本室の展示種類は豊富です。また、『多摩市史』・文化財報告書の閲覧・頒布に関しては本室が充実しています。「稲荷塚古墳」の文化財映画・民具の貸出もおこなっています。

多摩よこやまの道

多摩市永山・諏訪、川崎市麻生区黒川

map 6

永山すずかけ通りをさらに行くと、尾根幹線道路の多摩給食センター信号の所に、よこやまの道入口があります。ここを上っていく

多摩市文化財資料展示室ガイド（南永山社会教育施設内） 開館時間：10時から16時まで。入館料：無料。休館日：土・日曜日、祝日、年末年始（12月29日～1月3日）。交通：京王線・聖蹟桜ヶ丘駅11番線または京王相模原線・小田急多摩線永山駅3番線バスで「南永山小学校」下車徒歩1分。連絡先：多摩市教育委員会・文化財係042（378）6883。

多摩よこやまの道の案内図

と、多摩市と町田市・川崎市の境の尾根筋が「多摩よこやまの道」として整備されています。

西は八王子市別所《べっしょ》の長池公園から、東は多摩市諏訪《すわ》の多摩東公園までの九・五キロが多摩よこやま道の散策路となっています。尾根道を丘の上広場方向に歩むと、富士山や丹沢《たんざわ》山塊を眺望できる展望台があり、「防人《さきもり》見返りの峠」と名づけられています。『万葉集』に「赤駒《あかごま》を山野《やまぬ》に放し捕《はか》りかにて多摩の横山徒歩《かし》ゆか遣《や》らむ」（巻二〇―四四一七）という豊島《としま》郡の椋椅部荒虫《くらはしべのあらむし》の妻宇遅部《うじべの》黒女《くろめ》が詠んだ防人歌があります。

この「多摩の横山」については、八王子市域の横山庄《よこやましょう》説、高尾山から都筑《つづき》の丘まで横にわたる多摩丘陵説（植田孟縉《うえだもうしん》『武蔵名勝図会』）、武蔵国横渟郡《よこぬぐん》説があり、決まっていません。UR都市機構は多摩丘陵全体説にもとづき「多摩よこやまの道」の名をつけ、散策路を整備したものです。貝取から小野路《おのじ》にかけての尾根筋には、鎌倉古道（鎌倉街道早ノ道《はやのみち》、鎌倉街道上ノ道《かみのみち》）や奥州古道、奥州廃道、古代東海道などの古道が交差していると推定されています。

「多摩よこやまの道」では、歴史古街道団（宮田太郎団長）が毎年一一月に、ウォークイベント「さきもりまつり」を催し、古代の衣装を着けた防人が数百人の参加者とともに歩き、防人の旅立ちの様

多摩よこやまの道「さきもりまつり」 古代防人の旅立ちの様子や家族との別れを再現したウォークイベント。

多摩よこやまの道 尾根道のところどころに絵地図と解説板が設けられています。

子や家族との別れを再現しています。

古代東海道と鎌倉道の交わるこの峠が、防人が西国へ向かった峠かどうかの確証はありませんが、歴史を市民に親しみやすくし、多摩ニュータウンに新たなアイデンティティをつくる試みとして、「さきもりまつり」イベントは継続してほしいものです。

よこやまの道ルートには雑木林と笹藪をわけた古道跡が点在し、ところどころに解説板が設けられています。

道を進み、もみじの広場から南東へ、瓜生黒川往還《うりゅうくろかわおうかん》へ向かいます。川崎市黒川海道《かいどう》特別緑地保全地区を通り、海道ひだまり公園で住宅地へ抜け、黒川散策路となります。

黒川炭の里山

川崎市麻生区黒川

map 7

小田急多摩線はるひ野駅と黒川駅一帯の黒川は、炭焼きの里です。『新編武蔵風土記稿』では、都筑《つづき》郡・多摩郡の木炭を「黒川炭《くろかわずみ》」とよび、黒川村をその元としています。

炭焼きは江戸時代中期から始まり、昭和後期まで燃料や蚕室《さんしつ》を暖める養蚕用に盛んに焼かれました。丘陵のクヌギ・ナラを切って、土窯《どがま》に詰め、蒸し焼きにすると、約六日間で良質の黒炭になります。四貫《かん》の炭俵《すみだわら》に詰めて江戸・東京へ出荷していました。

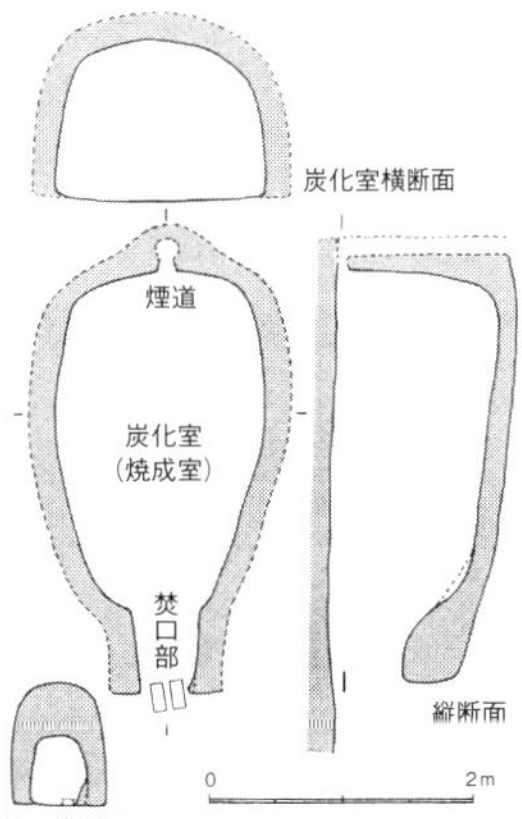

市川祐家の炭焼き窯の実測図

黒川の炭焼き窯の分布図

明治期には年に一七〇〇俵を産出し、一九五〇年頃には二〇基の炭窯が操業していました。しかし、ガス・灯油の普及により、炭焼きは生業として成り立たなくなり、一九八五年に市川祐《いちかわたすく》家が築いた土窯での炭焼きが、最後の黒川炭の炭焼きとなりました。汁守《しるもり》神社南や西谷には九カ所の炭窯がありましたが、今はみられません。

黒川の西谷谷戸《やと》には畑が広がり、今も、季節ごとの農家の暮らしと里山の懐かしい景観をみることができます。

汁守神社・宮添遺跡

川崎市麻生区黒川一三二

map 8

はるひ野駅から栗平《くりひら》駅まで小田急多摩線に乗って移動することもできますが、開発が進む黒川散策路をたどり、鶴川《つるかわ》街道の日影バス停前の汁守神社へ寄ってゆくことにしましょう。

黒川の中心部の丘にある汁守神社は、武蔵府中の大國魂《おおくにたま》神社に供える汁物を調《ととの》える役目を担ったことから、こうよばれるようになりました。祭礼では三匹の獅子舞が奉納され、その龍形の獅子頭《ししがしら》が保管されています。境内には江戸時代、一八三四年（天保五）の鳥居や狛犬《こまいぬ》の石造物もあり、鎮守の森には川崎市指定の保存樹木が多くみられます。

汁守神社と西光寺《さいこうじ》の北側は宮添《みやぞえ》遺跡です。はるひ野開発で縄文中

汁守神社　天保5年（1834）銘の石鳥居と狛犬石造物があります。

黒川の西谷谷戸の景観　三沢川源流の谷戸に野菜のビニールハウス栽培や禅寺丸柿が植えられ、専業農家が点在しています。

期の住居址、奈良・平安時代の村落内寺院と推定される掘立柱建《ほったてばしらたて》物《もの》と「寺」の刻書《こくしょ》土器が発掘されています。さらに、一九四四年（昭和一九）に設置された陸軍黒川照空隊《しょうくうたい》陣地跡が発掘され、照空灯・聴音機《ちょうおんき》の台座がみつかっています。

平尾遺跡

稲城市平尾三丁目

map 9

小田急多摩線を越えて黒川駅前から栗木台《くりきだい》五丁目通りへ入り一八分ほど行き、栗木台小学校前から住宅街の中を通って、平尾《ひらお》団地への坂道を上ると稲城《いなぎ》市です。平尾住宅内の平尾近隣公園東側に平尾遺跡がありました。

平尾遺跡は、公社平尾団地の建設がおこなわれる前の一九六七、六八年に安孫子昭二《あびこしょうじ》ら調査会によって発掘されました。遺跡は、縄文時代の住居址七軒、古墳～奈良・平安時代の住居址六軒などで、大量の土器・石器が出土しています。

縄文時代の七軒の住居址のうち六軒は、標高八〇メートルの平らな台地上で発見されました。それら縄文中期末から後期後半にかけての住居址六軒のうち、加曽利《かそり》B期の住居址が四軒あり、そのうちの三軒は位置や時期などから、同時に存在した小集落であることがわかりました。

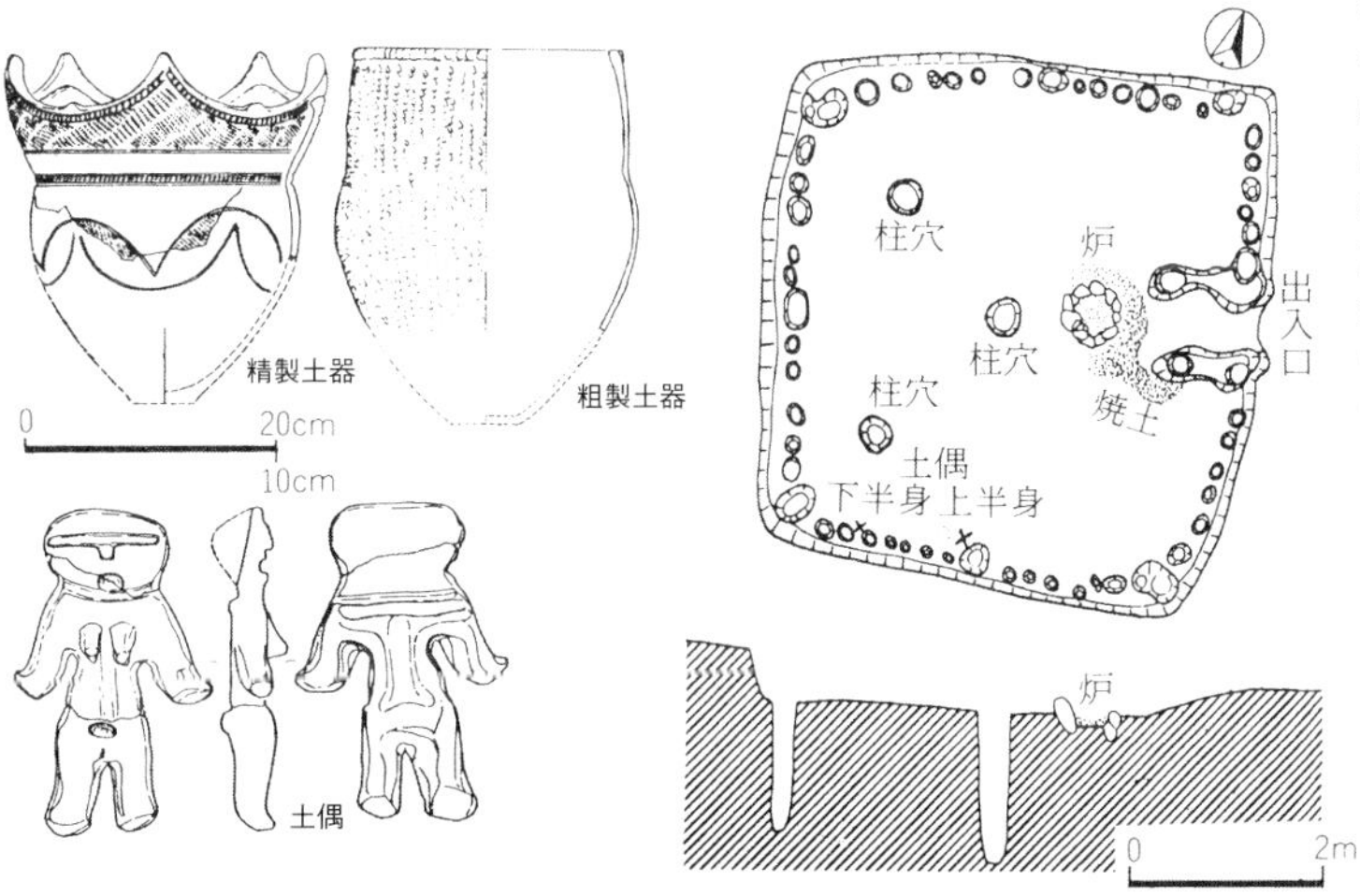

平尾遺跡6号住居址と加曽利B式土器・土偶
5m四方の方形で、東から炉周辺に入るようになっています。

ことに六号住居址は、出入口部がわかっためずらしい例です。東側の壁の中央に溝とスロープがつくられていて、石組みの炉の周辺に入り込めるようになっていました。床面からは、加曽利B式の深《ふか》鉢形《ばちがた》土器や土偶《どぐう》が発見されました。

平尾遺跡の加曽利B式土器は、精製《せいせい》と粗製《そせい》土器と文様（磨消《すりけし》縄文・羽状《うじょう》沈線文《ちんせんもん》など）によってこまかく分類され、半精製や粗製の日用土器には、神奈川・多摩の地域性が強いことがわかりました。

土偶は住居の壁際に上半身と下半身が分かれて出土しました。顔が単純化されたもので、下総《しもふさ》に多い加曽利B期の山形土偶とは少し異なっています。住居内の祭りで使われた土偶は、壊されることによって、体の悪いところをなおす呪術の道具としての役割を果たしたのでしょう。

平尾台原遺跡

稲城市平尾一丁目

map 10

平尾遺跡の北側の平尾中央通り一帯の低い台地上に位置していたのが、平尾台原《ひらおだいはら》遺跡です。区画整理事業にともなって、一九七七年に発掘調査がおこなわれました。遺跡は、縄文後期・弥生・古墳・奈良時代にかけての集落跡です。

ことに、弥生中期・後期の住居址一〇軒、弥生末期の方形周溝《ほうけいしゅうこう》

平尾台原遺跡出土の縄文後期・弥生土器　中央の2個は縄文土器、右側は弥生中期の壺・甕、左側は弥生後期の壺・鉢。

平尾近隣公園

墓《ぼ》五基と弥生土器は、稲城市では初の発見でした。

稲城市郷土資料室

稲城市平尾一丁目九―一

map 11

稲城市郷土資料室は、元小学校を利用した「ふれんど平尾」に二〇〇五年に新設されました。

歴史展示室には、稲城市の原始・古代から現代までの歴史を展示し、平尾遺跡の縄文土器・石器、平尾台原遺跡の弥生土器、奈良時代の瓦谷戸《かわらやと》瓦窯址《がようし》模型・国分寺瓦、大丸《おおまる》城跡、中世板碑、近世・近代・現代の文献資料などさまざまな歴史資料が展示されています。

民俗展示室には、稲城の農耕道具、梨栽培の用具、賽《さい》の神《かみ》や年中行事の道具、多摩川の漁撈具、江戸の里神楽《さとかぐら》の衣装や道具などが展示されています。

平尾入定塚・平尾十三塚

稲城市平尾二丁目八二先

map 12

平尾中央通り交差点を南に進み、平尾団地の東側にある住宅地の南東側に入定塚《にゅうじょうづか》の標識があります。

平尾入定塚は、直径二〇メートル、高さ三メートルの円墳状で、一九五九年に発掘調査されました。板碑・開元通宝・釘が出土しています。戦国時代、一五三六年（天文五）に長信法印《ちょうしんほういん》という僧侶が

稲城市郷土資料室ガイド（ふれんど平尾2階）
開館時間：13時から16時まで。休館日：月曜日。
交通：京王相模原線稲城駅より新百合ヶ丘駅行バス「台原」下車徒歩約10分。連絡先：生涯学習課042（378）2111。

平尾入定塚

塚の中で経文を唱えながら入定したといわれています。

平尾十三塚は、入定塚の南の川崎市古沢《ふるさわ》・五力田《ごりきだ》との境のフェンスに説明板があります。笹藪の尾根に一列に並ぶ一三基の塚です。径三メートル×高さ一メートルの塚で、発掘はされていません。中世の十三仏信仰にもとづく民間信仰の遺跡です。

平尾原経塚

稲城市平尾一丁目四九

map 13

平尾中央通りへ戻り、東京南農協平尾支店の東隣に平尾原経塚《きょうづか》があります。江戸中期、一七〇八年（宝永五）に平尾村の近隣農民と江戸町人が、大乗妙典《だいじょうみょうてん》の写経を全国の霊場をまわって納めた記念につくられた経典供養の塚です。塚は約六×四・五メートルの楕円形で、上に経典供養塔が立っています。

一九七六年に市教育委員会によって発掘調査され、塚の頂上の石敷き下部の土坑から、備前焼甕《びぜんやきかめ》に納められた青銅製の経筒《きょうづつ》が出土しました。経筒には経箱《きょうばこ》と和鏡《わきょう》、経典、寛永通宝が納められていました。江戸時代の古い経塚で石塔の形がよく、市の史跡に指定されています。本来は約二〇メートル西側の農協平尾支店隣にありました。

帰りは、平尾中央通りを南東に進み、徒歩またはバスで小田急線新百合ヶ丘駅に着きます。

平尾原経塚と経典供養塔　東京南農協平尾支店の東隣で、移設されました。

平尾十三塚　村境の尾根に13基の塚が一列に並んでいます。中世の十三仏信仰にもとづく民間信仰の遺跡です。

Zoom Up

南山東部の里山と遺跡の保存問題

稲城市東部の百村《もむら》・東長沼の多摩丘陵に、南山東部区画整理事業が計画されています。南山の丘陵八七ヘクタールを造成し、七六〇〇人の住宅と幹線道路をつくる計画です。

稲城砂層のやせ尾根と沢地《さわち》の南山は、薪炭林《しんたんりん》であった落葉広葉樹林におおわれ、沢地には野菜畑やシイタケの栽培地があり、オオタカ、タマノカンアオイなどたくさんの貴重な動植物が生息しています。

また、この南山東部には、縄文・古代・中世・近世の遺跡があることがわかりました。稲城市教育委員会・玉川文化財研究所が二〇〇八年に発掘調査し、縄文早期の落とし穴、前期の住居址、奈良時代の住居址、中世の鎌倉道・段切り遺構、塚が発見されています。

「稲城の里山と史蹟を守る会」が南山の里山と遺跡を保全する活動をすすめ、都と稲城市へ「南山縄文の森構想」を要望しています。

開発進行中のため南山は見学コースに入れていませんが、南多摩最大の里山と文化遺産の保全の必要性は高く、今後の市民運動と行政の動きが注目されます。

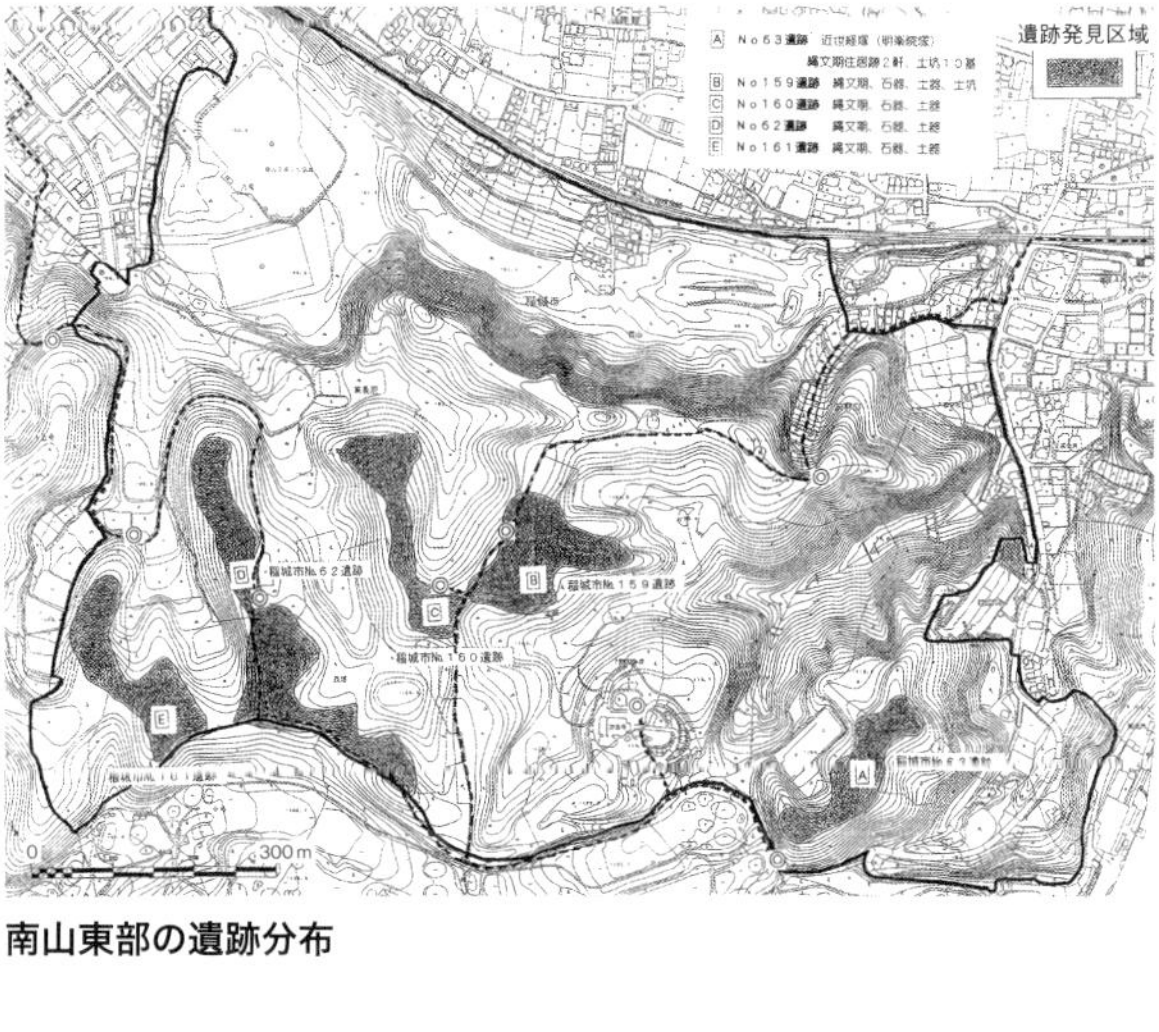

南山東部の遺跡分布

多摩市
川崎市麻生区
小野路城跡
9
15分
8分
小町井戸
小野神社
15分
7分
8分
8
図師小野路
歴史環境保全地域
7
小野路一里塚
7分
5分
野津田
上の原遺跡
6
綾部原遺跡
5 自由民権資料館
1分
8分
11分
鶴見川
14分
薬師池
公園
4
5分
14分
30分
鎌倉街道碑
鎌倉井戸
3
5分
10分
本町田上の山
遺跡
4分
14分
町田市立博物館
本町田
遺跡公園
2
1分
1
ゆうき山遺跡
本町田
七面山遺跡
7分
スタート
「市立博物館前」バス停
バス12分
0 100 200 500m

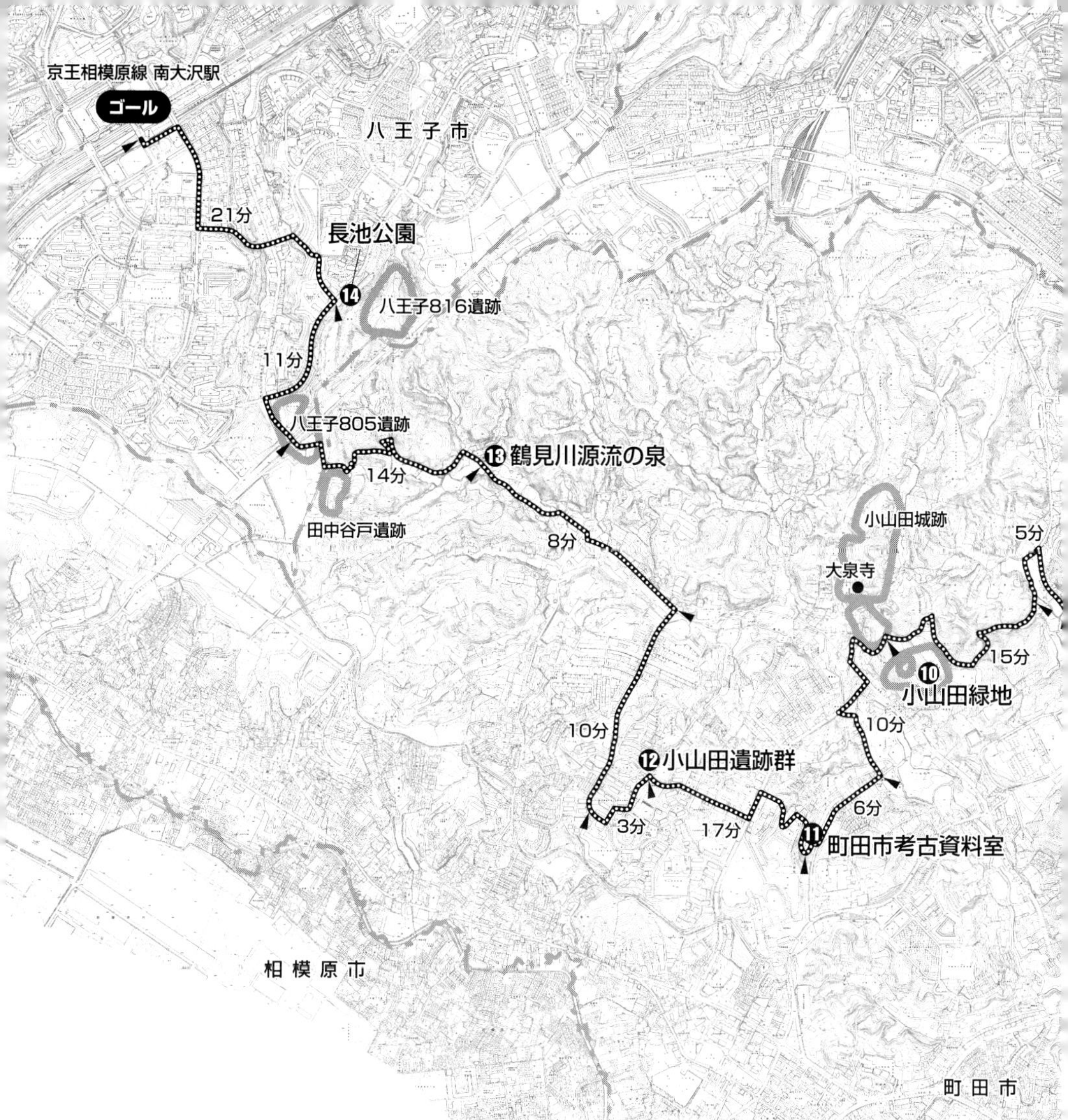

⑨ 町田の鎌倉道と鶴見川源流を歩く

町田市を流れる鶴見川上流の縄文・弥生・古墳時代の集落、中世屋敷・城郭、鎌倉道、里山、博物館をめぐり、多摩の遺跡保存整備を学ぶコース。

町田市立博物館

map 1

町田市本町田三五六二

小田急線・JR横浜線の町田駅から町田バスセンター発、藤の台団地・鶴川駅行きバスに乗り、市立博物館前で降ります。弥生が丘住宅の坂道を上ると、町田市立博物館です。

町田市立博物館は、一九七三年に町田市郷土資料館として開館したときは、考古資料が展示の多くを占めていましたが、市内に専門館ができるにつれて役割が変わり、考古資料だけではなく、「民俗と板碑」「世界の土器」など企画展示がほとんどになりました。常設展示はないので、市内遺跡の考古資料については、町田市考古資料室のほうが多く展示しており、そちらをみにゆくほうがよいときもあります。

本町田遺跡公園

map 2

町田市本町田三四五五

博物館の西隣が本町田《ほんまちだ》遺跡公園です。

この本町田A地点遺跡は、丘陵上の東西一〇〇×南北五〇メートルの範囲で、一九六八年に國學院大學・立正大学考古学研究室が発掘調査し、縄文前期の住居址四軒と、弥生中期の住居址七軒が発見され、遺跡公園として保存されました。現在、代表的な二軒が復元

町田市立博物館ガイド　開館時間：9時から16時30分まで。入館料：無料。休館日：月曜日（祝日の場合は翌火曜日）、年末年始、展示替え期間中。連絡先：042（726）1531。『町田の文化財』『発掘された町田の遺跡』『陶器が語る来世の理想郷』など図録・調査報告書も多数扱っています。

本町田遺跡公園

されています。寄《よ》せ棟《むね》の茅葺《かやぶ》き屋根で、弥生中期の住居には屋根に棟材《むねざい》と鰹木《かつおぎ》が付いています。

縄文前期の住居址は諸磯《もろいそ》a期からb期にかけてのもので、四軒発掘されました。隅丸方形《すみまるほうけい》で柱穴《はしらあな》や炉があり、二軒ずつ東西に分かれ、中央の広場をかこんでいます。一時期に二軒の住居が存在し、継続して人びとが住んだ小規模なムラと考えられます。

弥生中期（宮ノ台期）の住居址も隅丸方形の小形で、七軒のうち柱をもたない住居が三軒あるなど、短期間の小規模な集落です。磨《ま》製石鏃《せいせきぞく》と鉄鍬《てつくわ》が出土しています。恩田川上流の谷水田《たにすいでん》を開拓した初期稲作農民のムラと考えられます。

さて、本町田遺跡公園の北から階段路を下りて、藤の台団地外周道を西へむかうと、本町田東小学校の先で鎌倉街道に出ます。今井《いまい》谷戸《やと》交差点で北の細い道をダリア園の案内にそって進みます。町田ダリア園をすぎ、尾根筋を上り、右に入る坂道を上ると、七国山《ななくにやま》の峠になります。

七国山・鎌倉街道碑・鎌倉井戸

町田市山崎町九〇五付近

map 3

七国自然苑周辺が七国山緑地保全地域の里山です。この丘は標高一二八メートルの七国山峠で、かつては相模・甲斐・伊豆・駿河・

本町田遺跡の弥生中期の復元住居

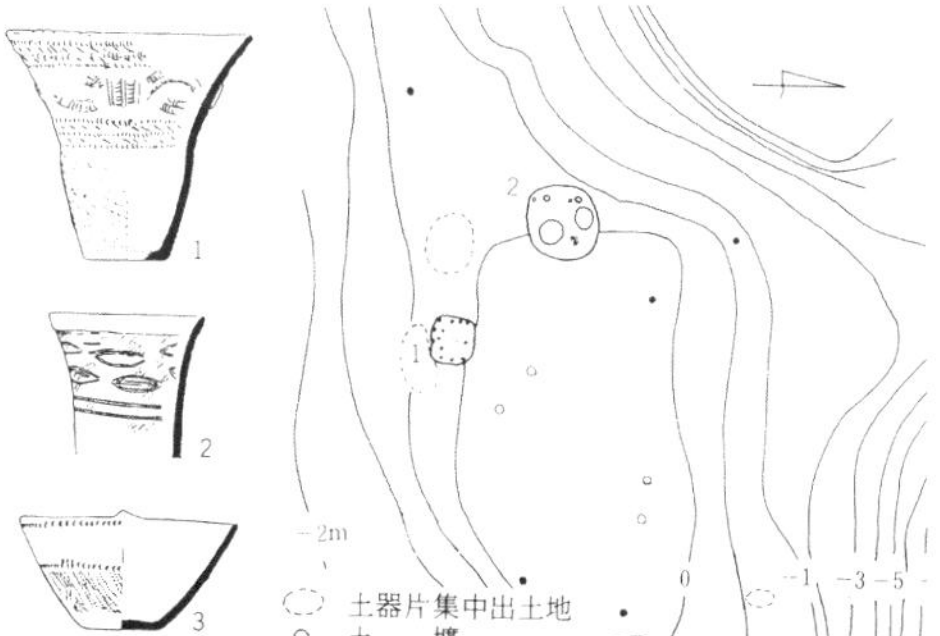

本町田A地点遺跡の縄文前期の集落跡と土器
2軒ずつ東西に分かれ、中央の広場をかこんでいます。
諸磯ａ〜ｂ期にかけてのものです。

信濃・上野・下野の七つの国をながめることができました。

林を南北へ通じる切り通しの道は、鎌倉街道上ノ道《かみのみち》の古道で、山崎町今井谷戸から小野路《おのじ》宿にかけて残っています。峠道には「七国山　鎌倉街道の碑」と、新田義貞《よしさだ》が鎌倉攻めの行軍の際、掘ったと伝えられる鎌倉井戸があります。井桁《いげた》が復元されています。

七国山から下りてきて、ファーマーズセンターの手前を東へ曲がり下っていくと、約五〇〇メートルで薬師池《やくしいけ》公園の裏口へ着きます。

薬師池公園

町田市野津田町三二七〇

map 4

薬師池公園裏口すぐの野津田《のづた》薬師堂は、奈良時代に行基《ぎょうき》が開基したと伝えられています。荒廃していましたが、一五七六年（天正四）に僧興満《きょうまん》が再興し、福王寺薬師堂《ふくおうじやくしどう》と称しました。

野津田薬師堂の建物は、一八八三年（明治一六）に再建され、本尊の木造薬師如来坐像は、欅材《けやきざい》の一木造《いちぼくづくり》で、町田市屈指の平安後期の古い仏像です。薬師堂の向拝《こうはい》にはこまかい木彫りの彫刻があり、天井絵は明治期に狩野信短《かのうしんたん》により描かれた「龍と天女」です。

公園には池をかこんで、梅林・桜林と椿園、花菖蒲・蓮田（大賀ハス）があり、江戸時代の古民家二棟（旧永井家住宅と旧荻野《おぎの》家住宅）が移築されています。薬医門《やくいもん》をくぐる旧荻野家住宅は、町田市

「七国山　鎌倉街道の碑」と鎌倉井戸の井桁　昼も薄暗い峠道を通り、七国山緑地保全地域では多摩丘陵一帯を見渡す眺望を楽しめます。

薬師池公園ガイド　開園時間：6時〜18時まで。入園料：無料。連絡先：042（793）7611。

三輪《みわ》町にあった江戸時代末の医家を移築したもので、平屋の入母屋造り。旧永井家住宅は、小野路町にあった江戸時代の農家を移築したもので、茅葺き入母屋造り広間三間取型の古い形式の民家です。貞享《じょうきょう》年間（一六八四〜八八年）の多摩地域最古のものです。

薬師池は、一六世紀後半の天正年間（一五七三〜一五九二年）に、北条氏照《うじてる》配下の野津田の武藤半六郎によって開拓された水田用溜池《ためいけ》です。公園の入口にある町田市フォトサロンでは、薬師池公園の四季の写真や町田市の生活写真が展示され、フォトサロンの北側には、市制四〇周年を記念して建てられたモニュメント「自由民権の像」があります。

自由民権資料館

町田市野津田町八九七

map 5

薬師池から新袋橋をへて北東へ一キロの芝溝《しばみぞ》街道北側が町田市立自由民権資料館です。民権家が集まった剣道場凌霜館《りょうそうかん》跡に建ちました。資料館では自由民権運動をテーマにすえ、町田を中心に、多摩・神奈川の民権運動関係史料を収集・保管し、常設展示や企画展示をおこなっています。

多摩・神奈川の自由民権運動は、一八八〇〜八五年（明治一三〜一八）頃、国会開設と憲法制定・国民の自由を求めて、武蔵相模地

旧永井家住宅

町田市立自由民権資料館ガイド　開館時間：9時から16時30分まで。入館料：無料。休館日：月曜日（祝日の場合は翌火曜日）、年末年始（12月28日〜1月4日）、館内燻蒸日。連絡先：042（734）4508。自由民権運動史の展示、さらに町田市に関する歴史資料も閲覧できます。

域の富裕な農商青年であった石坂昌孝《いしざかまさたか》・石坂公歴《まさつぐ》・村野常右衛門《むらのつねえもん》・青木正太郎らがリーダーとなって興しました。当時、野津田は若者の社会改革の拠点でした。

なお、野津田の民権の森は石坂昌孝の屋敷跡で、長女美那《みな》が文学者北村透谷《とうこく》と出会って恋愛した地を記念した「自由民権の碑」と、石坂昌孝の墓石が丘の上に立っています。

展示では、武相自由民権運動の歴史をくわしく解き明かしています。『図説自由民権』や紀要『自由民権』には全国各地の民権研究・活動の情報、民権史研究論文や文献情報が掲載され、館は全国の自由民権運動研究のセンターとなっています。

野津田上の原遺跡・鎌倉道

町田市野津田町二〇三五付近

map 6

自由民権資料館から芝溝街道を西へむかい、新袋橋から野津田車庫の手前を右に曲がると、野津田公園の南口に着きます。

野津田公園は野津田の丘につくられた総合運動公園で、陸上競技場・多目的広場・テニスコート・サッカー場などのスポーツ施設と、湿生植物園、古民家、散策路などがあります。

野津田公園造成に際し、野津田上《うえ》の原《はら》遺跡が発掘調査され、縄文中期の敷石住居址《しきいしじゅうきょし》・掘立柱建物《ほったてばしらたてもの》址、縄文後期の環礫方形遺構《かんれきほうけいいこう》二基、

村野常右衛門生家ガイド　公開時間：10時から16時まで。公開日：土・日曜日、祝日。連絡先：生涯学習課042（724）2554。村野は多摩地区の自由民権運動の中心メンバーで、その後中央政界で活躍しました。

野津田公園の上の原広場　切り通しの古道を抜けたところで中世の鎌倉街道跡が発掘されました。

墓坑《ぼこう》群九〇基、中世の道路跡が発見されました。公園東部の道路跡は幅一二メートル、長さ二二〇メートルにわたり、硬化面と枕木状の小穴列がつづき、中世の鎌倉街道跡と判断されています。現在も上の原広場とみずき広場の雑木林には、平らな造成面が南北に直線で続いており、鎌倉街道上ノ道《かみのみち》遺構が埋まっています。

雑木林の中を炭焼窯から湿生植物園をへて、移築されている大正期の村野常右衛門生家をみて、公園西口へむかいましょう。

小野路一里塚

町田市小野路町三一一五

map 7

野津田公園西口を出ると、大山道《おおやまみち》の辻の両側に榎《えのき》が植えられ復元された小野路《おのじ》一里塚があり、説明板が立っています。一六一七年（元和三）、駿河久能山《くのうさん》から日光東照宮まで徳川家康の遺骨を移したときに、脇街道の整備がなされ、それとともに大山道の里程標として小野路一里塚がつくられました。

図師小野路歴史環境保全地域

町田市図師町・小野路町

map 8

小野路一里塚から鶴川街道に出て、北へむかうと、左手の丘に平安初期の文学者小野篁《おののたかむら》を祀った小野神社があります。武蔵の国司《こくし》として赴任した小野孝泰《たかやす》（小野篁の子孫）による建立で、社殿は千《ち》

小野神社

小野路一里塚

小野路の万松寺谷戸入口

鳥破風《どりはふ》・唐破風《からはふ》建築です。

小野神社から西へ畑地をたどり、万松寺谷戸《ばんしょうじやと》の谷筋から町田歴環事務所と道祖神《どうそじん》を経て小野路城の丘をめざします。里山の尾根道を歩く快適なコースです。

小野路城跡

町田市小野路町

map 9

小野路城は、図師《ずし》小野路歴史環境保全地域の核となる城山《しろやま》（標高一四二メートル）の山頂付近にあります。城山は土塁《どるい》と堀で囲まれ、天王社《てんのうしゃ》が東向きに建つ主郭《しゅかく》と西側に二つの曲輪《くるわ》があり、自然地形をそのまま使用した比較的古い縄張《なわば》り構造となっています。

城の年代は平安時代末から室町時代と推定されます。城山の南側には、乗越八幡《のりこしはちまん》跡、こうせん塚、白山権現《はくさんごんげん》跡など、小野路城にまつわる塚や祠《ほこら》跡が点在しています。

小野路城は、一一七一年（承安元）に小山田荘《おやまだのしょう》の牧《まき》の別当《べっとう》となった小山田有重《ありしげ》の子、二郎重義《しげよし》の城と伝えられています。室町時代に小山田氏は滅亡し、小山田荘は北条氏の支配下におかれました。

主郭北土塁《どるい》の下の小町井戸、主郭南東一〇〇メートルの滝壺は中世の水場で、今も水が湧いています。小町井戸は、小野小町がここに千日籠もり、療養したところ病が治癒した伝説からこの名があり

小野路城跡全体図　図師小野路歴史環境保全地域の核となる城山の山頂付近にあり、主郭の西に、二の郭、三の郭があり、自然地形をそのまま利用した比較的古い縄張り構造です。

小野路城跡の主郭にある天王社

小町井戸

Zoom Up

図師小野路歴史環境保全地域の里山

　図師町および小野路町にまたがる三六・六ヘクタールは、図師小野路歴史環境保全地域に指定されています。この丘陵地にはクヌギ・コナラ林といった典型的な多摩丘陵の里山の自然景観が残っています。

　豊かな植生のなかにタヌキ、キツネ、ムササビの哺乳類、オオタカ、エナガ、アオゲラの鳥類、ゲンジボタル・オオムラサキの昆虫類などが生息しています。

　都環境局では、里山の保全と野生動物の生息を守るとともに、小野路城などの歴史遺産は現状のまま保全し、谷《や》戸《と》は都民の自然とのふれあいの場、環境学習の場として活用しています。

　保全地域は、地元の農家による「町田歴環管理組合」が管理しています。良好な谷戸景観の維持、水環境の保全をめざし、農道、土手、溜池、水路、休耕田、樹林地などを、間伐、草刈り、散策路の整備、田植え、稲刈りなど伝統的な農法で管理し、神明谷戸《しんめいやと》・五《ご》反田谷戸《たんだやと》にかつての谷戸景観や生物が蘇りました。

上：小野路城跡を歩くハイキング
左：図師小野路歴史環境保全地域図

ますが、小野路と小野小町を結びつけたもので根拠はありません。また昔、ここに寺があり仙人が住んでいて、この水は万病に効いたことから「仙人水」ともよばれたという説明板が立っています。

小山田緑地

町田市下小山田町三六一—一〇付近

map 10

小野路城山から西の神明谷戸へ下り、結道《けつどう》から北へむかい、小山田緑地へ入ります。小山田緑地本園は谷と二つの池が広がり、みはらし広場からは小山田の牧の歴史的景観を望むことができます。丘から西へ下りると大泉寺入口です。

大泉寺は鎌倉時代の小山田有重の居館《きょかん》跡と推定され、江戸時代の山門《さんもん》や開山堂《かいざんどう》に続く閑静な境内をなしています。本堂の北の丘は小山田城跡で、土塁と堀切《ほりきり》がありますが、構造はあまり残っていません。立ち入り制限があるので、小山田城跡の見学は省略しましょう。

大泉寺入口東から桜橋で鶴見川を渡り、小山田神社の坂を上って町田市考古資料室へむかいます。

町田市考古資料室

町田市下小山田町四〇一—六

map 11

町田市考古資料室は、町田市リサイクル文化センターの西側にあります。市内のなすな原遺跡・忠生《ただお》遺跡群・鶴川遺跡などから出土

小山田緑地本園

町田市考古資料室ガイド　開館日：第2・4土・日曜日、祝日のみ開館。開館時間：10時から16時まで。入館料：無料。交通：町田バスセンターから市立室内プール行きまたは同経由野津田車庫行きバス「市立室内プール」下車徒歩10分。連絡先：042（797）9661。

した遺物や発掘調査の写真・図面などの調査記録の整理、保管、展示をおこなっています。縄文土器・土師器《はじき》・須恵器《すえき》・能ヶ谷《のうがや》出土銭など考古資料は多く、見ごたえがあります。図録・報告書の頒布もおこなっています。ただ開館日が限られています。

なお、大賀藕糸館《ぐうしかん》から小山ヶ丘にかけて丘陵尾根にのびる尾根緑道は、一九四三年（昭和一八）に相模陸軍造兵廠《ぞうへいしょう》が戦車走行テストのためにつくった戦車道路跡です。

小山田遺跡群

町田市小山田桜台二丁目

map 12

町田市考古資料室から西へ小山田桜台団地へむかいます。小山田桜台団地の中を桜台センターから西へ進むと、小山田遺跡群です。小山田遺跡群は一九七〇〜八二年、団地造成にともない小山田遺跡調査会が発掘調査した縄文・弥生・古墳・古代・中世の三〇カ所の遺跡群です。

こぶし公園にある小山田一号遺跡は、鎌倉・室町時代の小山田氏関係の武士の居館跡です。神明神社東の谷戸奥の南斜面を切土《きりど》した幅五〇×奥行一五メートルの平坦地に、掘立柱建物跡、大型竪穴《たてあな》、竪穴遺構、地下式横穴《よこあな》、土坑《どこう》、柵跡などの遺構が構築されています。

大型竪穴は、一二×六メートルの長方形で、壁際に柱穴が並ぶ館

町田市考古資料室の土器展示　なすな原遺跡、忠生遺跡群の出土品など展示は多彩です。

小山田1号遺跡　鎌倉・室町時代の武士の居館跡です。

の主屋です。床面から古瀬戸《こせと》の天目茶碗《てんもくちゃわん》・中国青磁《せいじ》が出土していて、戦国時代の高級品を使うような武士階層の居館であったことがわかります。周辺には倉庫・付属建物と貯蔵施設があり、地下式横穴は墓です。これらの遺構は樹脂で型どりされ、現地に露出保存されているので、遺構群の外側から周遊して調査時の姿を見学できます。No.12遺跡は掘立柱建物址と井戸・墓坑が発掘され、鎌倉・室町時代の牧にかかわる武士の屋敷跡と推定されています。

平安時代末から室町時代、小山田氏が開発した小山田荘とよばれた鶴見川源流の起伏に富んだ丘陵は、牧として馬を生産するのに好適な条件を備えていたのです。

鶴見川源流の泉

町田市上小山田町一九〇〇付近

map 13

こぶし公園からメモリアルパークを左手にみて、北へ進み、小山田で西へむかいます。155号線道路の田中谷戸の北西に、鶴見川源流の泉のひろばがあります。

泉からこんこんと清らかな水が湧き、水生植物や昆虫を育成するビオトープで、「鶴見川源流ネットワーク」が湧水の清掃やカワセミの観察など自然保護活動をすすめています。

この鶴見川の源流で見学を終えることもできます。その場合は小

小山田氏館の主屋の大型竪穴　12×6mの長方形をした竪穴の壁際に柱穴が並んでいるのがわかります。

鶴見川源流の泉のひろば

山田バス停から町田駅まで、またはＪＲ横浜線淵野辺《ふちのべ》駅までバスで帰りましょう。余力のある方は源流の泉から西へ歩くと、鶴見川と大栗《おおくり》川の分水嶺です。そこを越えて１５８線尾根幹線道路を北へ曲がると、八王子市別所二丁目で長池公園に出ます。

長池公園

八王子市別所二丁目

map 14

長池は、多摩ニュータウン別所に残された江戸時代以来の溜池です。長池と筑池《つくいけ》のまわりの里山が公園となっています。広い水辺は、野津田の薬師池より里山の景観が残されています。「長池里山クラブ」がボランティアで公園の雑木林の手入れ、水車小屋・炭焼窯の管理、水田の整備をしています。水田では春の田植え、秋のカカシ立て、収穫と年中行事がおこなわれています。

長池公園自然館（長池ネイチャーセンター）では、長池の里山の歴史と動物・植物の標本が展示され、自然観察や木工細工・体験学習のガイドをおこなっています。自然観察と伝統的な里山文化が若い世代に継承されています。

長池公園北口から別所一丁目を経由して、京王相模原線南大沢駅まで約二キロです。公園入口の見附橋で京王バスに乗れば、京王堀之内駅まで直行することもできます。

長池公園　江戸時代の溜池のまわりは雑木林で、里山の景観が残されています。
長沼公園自然館ガイド　開館時間：9時から17時まで。入館料：無料。休館口：火曜日。連絡先：042（678）4616。

長池里山クラブが手入れをしている水田

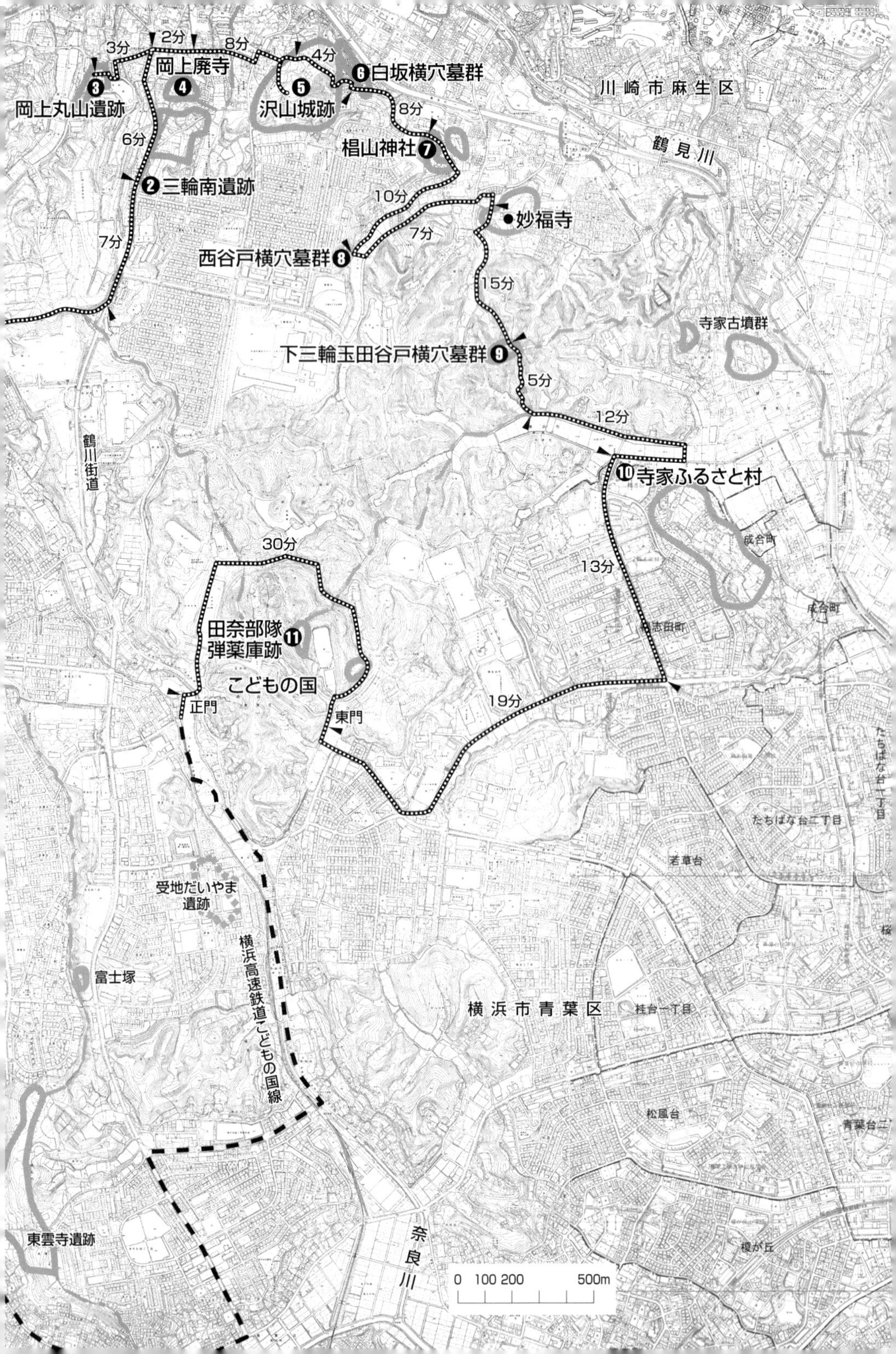

3分
2分
8分
4分
❸
岡上丸山遺跡
岡上廃寺
❹
❺
沢山城跡
❻白坂横穴墓群
川崎市麻生区
6分
8分
椙山神社❼
鶴見川
❷三輪南遺跡
10分
●妙福寺
7分
7分
西谷戸横穴墓群❽
15分
寺家古墳群
下三輪玉田谷戸横穴墓群❾
5分
12分
❿寺家ふるさと村
鶴川街道
30分
13分
成合町
成合町
田奈部隊
弾薬庫跡⓫
こどもの国
正門
東門
19分
たちばな台一丁目
たちばな台二丁目
若草台
受地だいやま
遺跡
横浜高速鉄道こどもの国線
富士塚
横浜市青葉区
桂台一丁目
松風台
青葉台二
奈良川
東雲寺遺跡
榎が丘
0 100 200 500m

⑩ 三輪・麻生の歴史遺産を歩く

小田急線の町田市三輪・川崎市麻生区・横浜市青葉区にかけてのコース。鶴見川上流の縄文集落・古墳時代横穴墓・中世城郭を歩き、寺家の里山に親しみ、歴史探訪します。

玉川大学教育博物館・清水台遺跡

町田市玉川学園六―一―一

map 1

小田急線玉川学園前駅の東口を降り、線路に沿って北へ玉川学園構内に入ります。本部研究管理棟を右へ曲がり、記念体育館とグラウンドの間を歩いていくと、玉川学園中等部校舎の一角に、玉川大学教育博物館があります。

この博物館は玉川学園の教育史、芸術、民俗、考古資料の収集・保存・調査研究・展示をおこなう施設で、また社会人も通信教育で履修できる博物館学芸員講座の実習施設でもあります。

館所蔵の考古資料は、玉川学園構内の遺跡からの出土品、玉川学園考古学研究会がおこなった町田市内の遺跡発掘調査出土品、浅川利一ら教職員、学生、生徒が採集した資料が主体となっています。

玉川学園構内は鶴見川支流の奈良川の谷戸《やと》にはさまれた丘陵地で、縄文中期の清水台遺跡・本部台《ほんぶだい》遺跡が分布しており、戸田哲也ら玉川学園考古学研究会がそれらの遺跡を発掘調査してきました。

清水台遺跡の縄文土器は、結節沈線文《けっせつちんせんもん》が施された、中期前半の五《ご》領《りょう》ヶ台《がだい》式と阿玉台《あたまだい》式土器をつなぐ土器型式として、清水台式土器が提唱されました。また千葉県余山《よやま》貝塚出土の縄文後期土器・骨角《こっかく》器《き》は、見ごたえがあります。

展示室　清水台遺跡の縄文土器展示。

玉川大学教育博物館ガイド　開館時間：9時から17時まで（入館は16時30分まで）。入館料：無料。休館日：土・日曜日、祝日、夏期休暇・年末年始休ほか。連絡先：042（739）8656。

美術品では、キリスト教学園にちなみ、ギリシャ正教のイコン（聖像画）のコレクションや柳宗悦《やなぎむねよし》の民芸作品があり、図録・紀要も充実しています。

教育博物館を出て、中等部の東側から応慶寺《おうけいじ》の前の道をＴＢＳ緑山スタジオの北側へ行くと、三《み》輪《わ》緑山《みどりやま》で鶴川街道と合流します。この道を北の鶴川方向へ進むと、三輪緑山住宅入口の信号を越えた東側に、三輪南《みわみなみ》遺跡が保存されているゆりの木通り公園があります。

三輪南遺跡

町田市三輪緑山三丁目一四

map 2

ゆりの木通り公園のなかに、三輪南遺跡の遺構と説明板があります。この遺跡は三輪緑山住宅造成にともない、玉川文化財研究所によって一九八二年に発掘されました。

奈良時代の住居址四軒と瓦窯址《がようし》一基、平安時代の住居址一軒があります。この住居址は瓦をつくる工房で、瓦窯址は傾斜を利用した半地下式登《のぼ》り窯《がま》だったものです。

ここは、あとで見学する古代の岡上廃寺《おかがみはいじ》に瓦を供給した工人の生産集落だったところです。遺構は埋め戻された上に、色セメントで表示されています。しかし、表示が消えかけていて、わかりづらくなっています。

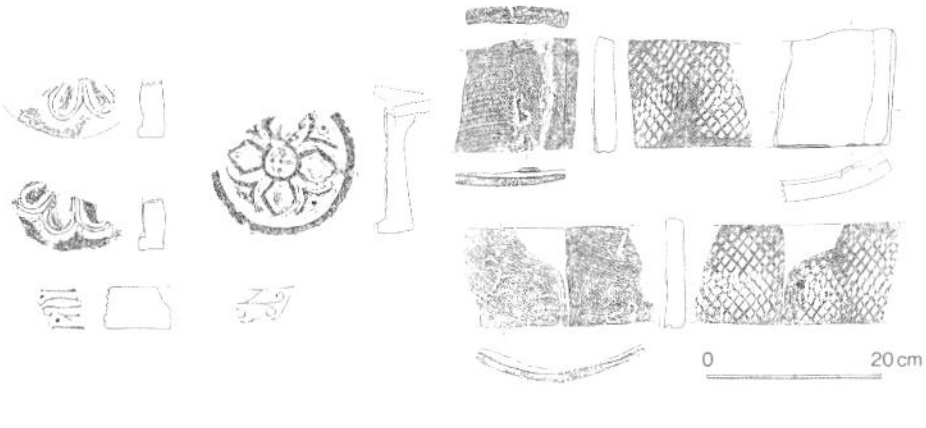

三輪南遺跡の瓦窯址　傾斜を利用した半地下式登り窯で瓦を焼いていました。左上：軒丸瓦と軒平瓦、左下：窯址の実測図。

岡上丸山遺跡

川崎市麻生区岡上六七八

map 3

鶴川街道を北へ進みます。街道は、町田市と横浜市にはさまれた川崎市の飛び地、岡上の営農団地を通ります。岡上神社の先の岡上交番を西に曲ると、川崎市立岡上小学校です。校門にむかって、校内左側が遺跡広場です。

岡上小学校内の岡上丸山遺跡《おかがみまるやま》は、一九八五年に日本大学竹石健二の調査団によって発掘調査されました。縄文中期・後期の集落跡十数軒が発掘され、古墳時代末期の竪穴住居址《たてあなじゅうきょし》と、平安時代の遺構からは「岡上」の文字のある墨書《ぼくしょ》須恵器《すえき》坏《つき》や布目瓦《ぬのめがわら》が出土しました。

川崎市教育委員会は、この校庭の遺跡広場に、縄文後期（堀之内期）の径四メートルで張出部のある円形の柄鏡形《えかがみがた》住居址を実物大で再現したモニュメントをつくり、縄文時代の人びとの暮らしぶりや遺跡についての説明を陶板パネルにして展示しています。

なお、麻生市民館岡上分館の図書室では、岡上郷土誌会が収集した岡上丸山遺跡報告書・地図が閲覧できます。

岡上廃寺

川崎市麻生区岡上七九六付近

map 4

岡上神社の東側の阿部原《あべっぱら》では、古代瓦・蓮華文《れんげもん》の鐙瓦《あぶみかわら》・「荏」

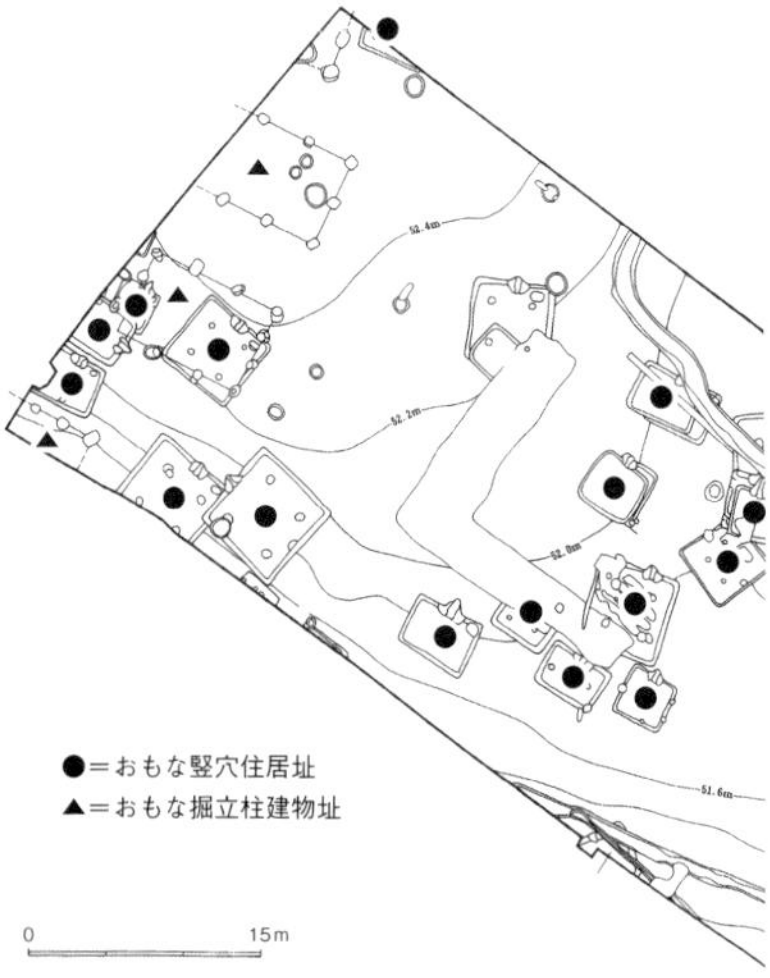

岡上丸山遺跡の遺跡広場　縄文後期の柄鏡形住居址の実物大モニュメントです。手前が張出部。

岡上廃寺・岡上No.4遺跡の奈良・平安時代建物
掘立柱を連ねた建物址と竪穴住居址です。

「国」の文字瓦・円面硯《えんめんけん》が発見されました。古江亮仁《ふるえりょうにん》の小規模な仏堂説や坂詰秀一の菅寺《すげてら》尾台《おだい》と共通する八角円堂説などと推定される「岡上廃寺」です。

この岡上No.4遺跡は宅地造成にともない、一九九六年度と九九年度に玉川文化財研究所により、縄文中期の住居址、古墳時代後期・奈良・平安時代の住居址・掘立柱《ほったてばしら》建物《たてもの》址が発掘調査されました。住居址からは「寺」の墨書土師器や八世紀前半の平瓦《ひらがわら》が多数出土しており、掘立柱建物址四棟が規則的に配置され、寺院関連施設か雑《ざっ》舎《しゃ》と推定されています。寺院の中心建物は未発見ですが、岡上に八世紀中頃から九世紀に瓦葺き屋根、掘立柱の仏堂が建っていたと考えられ、岡上丸山遺跡は寺院の関連集落に、三輪南遺跡はその瓦を焼いた窯跡と工人集落と推定されています。

この岡上廃寺は、その後の住宅化によって今は遺跡の景観をみることはできません。

沢山城跡

町田市三輪町一八九一付近

map 5

岡上から東へ歩き、三輪町の丘へ上ると、熊野神社と高蔵寺《こうぞうじ》があります。高蔵寺は室町時代に足利将軍家の祈願寺として創建された真言宗の寺院で、詩人北原白秋が歌を詠んでいます。

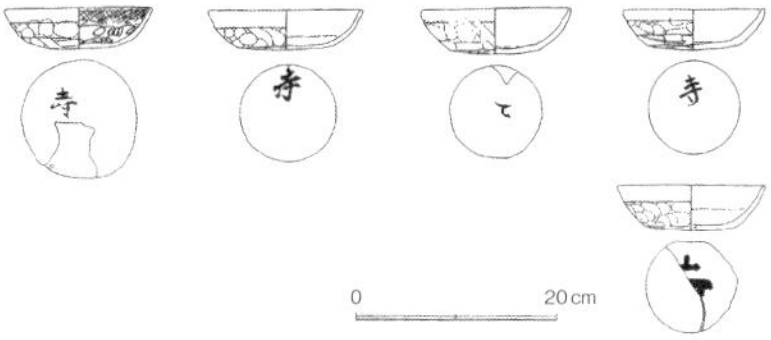

岡上No.4遺跡の住居址から出土した墨書土師器
「寺」と書かれています。

上：沢山城跡の景観、右：沢山城跡北の郭　三輪の里山として荻野家により保全されています。

高蔵寺から東へ野みちを入ると、鶴見川に北面して際立った丘陵一帯が沢山城跡《さわやまじょうあと》（三輪城跡）です。その南側に沢谷戸《さわやと》自然公園があります。

沢山城は、城山《しろやま》を中心に空堀《からぼり》・土塁《どるい》・郭《くるわ》がよく残っており、縄張《なわば》り構造が青梅市勝沼城跡《かつぬまじょうあと》と同じように著しく発達していることから、戦国時代、一六世紀中葉の後北条氏による山城とされています。七面堂が建っている標高七二メートルの東郭と、堀を隔てて西郭があります。北郭は一〇〇×五〇メートルの広さがある平坦面で井戸があります。北郭の東では焼米が出土し、米蔵があったとされています。高蔵寺・熊野神社も沢山城域に入ります。

町田市広袴《ひろはかま》の吉川家に伝わる元亀・天正年間の「北条氏照《うじてる》印判状」に「当郷の馬を三輪に集めて、御城米《ごじょうまい》の運送にあたれ」という命令が記されています。八王子城の氏照が支配していた三輪城に備蓄米が貯えられ、小田原城へ納められていたことがわかります。

城山の大部分は農地・山林です。史跡未指定で、『東京都の中世城館』の縄張り図以外実測調査はほとんどおこなわれていません。

白坂横穴墓群

町田市三輪町一七二〇付近

map 6

沢山城の農家の間の道を東へ一〇〇メートルすすむと、三輪町白《しろ》

沢山城跡縄張り図

坂《さか》（城坂）の南側傾斜面の坂道に白坂横穴墓《よこあなぼ》群があり、開口しているところに出ます。

一九六一年に調査され、二支群一三基の横穴墓がみつかり、坂道沿いの二基に扉がつけられ、階段・説明板が設けられて見学できます。凝灰岩《ぎょうかいがん》の岩盤に羽子板《はごいた》形に掘りこまれ、床は川原石が敷かれた礫床《れきしょう》で、須恵器《すえき》・刀子《とうす》や数体の人骨が発見されました。

椙山神社・椙山神社北遺跡

町田市三輪町一五六〇付近

map 7

白坂横穴墓から三輪緑山四丁目の住宅地を東へすすむと、三輪小学校に出ます。小学校建設時の発掘調査で、弥生中期・後期の住居址と壺棺墓《つぼかんぼ》が発掘されました。椙山《すぎやま》神社北遺跡です。小学校の裏門に説明板が立っています。

その向かいが椙山神社です。椙山神社は日本武尊《やまとたけるのみこと》を祭神とする神社で、武蔵国都筑《つつき》郡に多い神社です。広い鎮守の森をもち、本殿・神楽殿が建っています。神社を下った坂道の三叉路には、高蔵寺地蔵堂が建っています。

西谷戸横穴墓群

町田市三輪緑山一丁目

map 8

椙山神社の南の谷戸へ入ってゆくと廣慶寺《こうけいじ》があります。道の西側

右：椙山神社　武蔵国都筑郡には延喜式内社の杉山神社が多い。
下：西谷戸横穴墓全景　横穴内部は防護ネットがあってみえにくいです。

上：白坂横穴墓入口、下：内部　床は川原石を敷きならべた礫床です。

崖面は西谷戸《にしやと》横穴墓群です。南東に突出した丘陵の先端に横穴墓群が開口しています。

この西谷戸横穴墓群は、一九八三年に九基が発掘調査されました。横穴墓からは人骨や副葬品のガラス玉装身具、圭頭大刀《けいとうたち》の金銅装《こんどうそう》刀装具が出土しました。金銅装大刀は畿内大和王権から派遣された武人の武器です。七世紀後半の多摩の族長層の成長がうかがえます。

横穴内部は防護ネットがあってみえにくいのですが、低地からは丘陵崖面につくられた横穴墓群全体の様子を望むことができます。

下三輪玉田谷戸横穴墓群

町田市三輪町八九七号

map 9

西谷戸横穴墓群の東七〇〇メートルに三輪町の妙福寺《みょうふくじ》があります。妙福寺の祖師堂《そしどう》は、桃山時代の銅板葺《どうはんぶ》き入母屋《いりもや》造りの古建築で、祖師日蓮を祀り、都指定文化財です。本堂・鐘楼門《しょうろうもん》・高麗門《こうらいもん》は市指定文化財になっています。鐘楼門は江戸中期の壮麗な造りです。

妙福寺山門を出て南へ山腹に沿って二〇〇メートルほど歩くと、案内板があり、さらに山道を三〇〇メートル上ると、雑木林の中に四基並んで開口している下三輪玉田谷戸《しもみわぎょくだやと》横穴墓群があります。都指定旧跡で、横穴墓の左から順に、第一号、第二号、第三号、第四号と番号がつけられています。

妙福寺の鐘楼門 江戸時代の中期、1746年（延享3）の建築です。

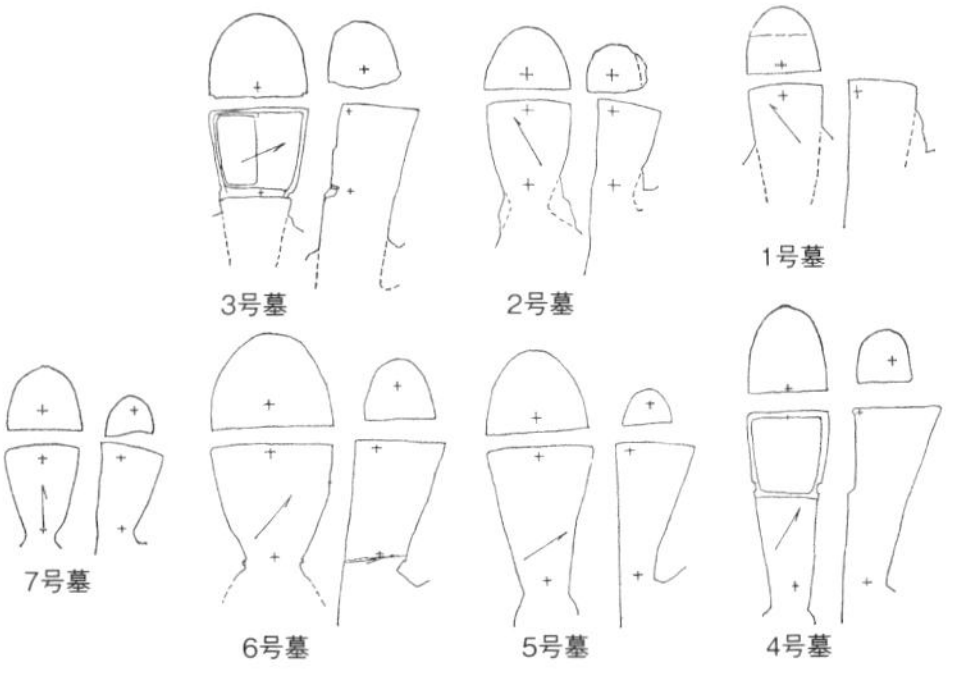

西谷戸横穴墓群の実測図 無袖の平面形で、2グループに分かれています。3、4号墓には棺座と排水溝が設けられています。

下三輪玉田谷戸横穴墓群は一九七二年、町田市史編纂のため発掘調査されました。須恵器壺と黒色土師器鉢が出土しています。羨門《せんもん》に柵が設けられていますが、墓室内を観察できます。平面が無袖《むそで》の羽子板形で、玄室《げんしつ》の奥が高く、棺座《かんざ》があります。

一号墓と三号墓の玄室内部天井には、妻入り式屋根とドーム状屋根を表現した浮彫彫刻があります。このような家形彫刻のある横穴墓は古式でめずらしく、墓を死後の家に模した古墳時代後期の葬送観念をあらわしています。

寺家ふるさと村

横浜市青葉区寺家町四一四他

map 10

下三輪玉田谷戸横穴墓から山を南へ下り、谷戸がひらけると横浜市の寺家《じけ》町です。郷土文化館から雑木林の丘にはさまれた一帯は谷《や》戸田《とだ》が幾筋もあり、その奥には大池・新池の溜池《ためいけ》が点在し、ふるさとの森や里山と水田の田園風景を楽しみながら、寺家ふるさと村の観光施設「四季の家」まで歩きましょう。

寺家町には、古墳時代の遺物散布地や寺家古墳群があり、下三輪玉田谷戸横穴墓とも一体の地域です。戦国時代には寺家・鴨志田《かもしだ》村は後北条氏支配下の大曽根飛騨守の領地でした。江戸時代には幕府領の武蔵国都筑郡寺家村となり、畑が多く溜池をつくって水田を経

寺家ふるさと村の景観　水田や水路、畦などがよく手入れされています。

下三輪玉田谷戸横穴墓　下は天井に家形彫刻が施されている1号墓玄室内部。

営していました。明治・大正時代には生糸《きいと》製造と木炭製造が盛んになり、茶道に使う茶炭《ちゃずみ》は現在も寺家の特産物となっています。「寺家ふるさと村」はつくられた公園ではありません。地元の人びとの生活の場です。農村をそっくりそのまま活用して、田園景観の保全と観光農業の振興、農業・農村文化の体験による人づくりを目的に、横浜市が農林水産省の自然活用型農村地域構造改善事業の認証を受けて一九八三年から地元とともに整備を進めています。

寺家ふるさと村には、四季の家・陶芸舎・郷土文化館・水車小屋・なし園・体験温室・茶炭丸善・ゴルフコース・テニスコート・釣り堀などが一二ヘクタールに点在しています。

野草・野鳥・昆虫も多く、「自然と農業を宝物にする寺家ふるさと村憲章」がつくられています。その憲章を受けて、四季の家では寺家の自然・歴史の展示、国天然記念物の淡水魚であるミヤコタナゴの育成をしています。さらに野鳥・メダカ・トンボの自然観察会、桜まつり、味噌づくり、陶芸体験、そば打ち、茶道教室などが催されています。このため、寺家ふるさと村には多数の市民が四季折々に訪れています。

行政と市民の連携によって、里山と歴史景観の保全と観光農業による地域の活性化が効果をあげている好例です。

寺家ふるさと村で焼かれた木炭

寺家ふるさと村ガイド　レストラン・研修室等のある四季の家は、開館時間：9時30分から17時まで。研修室等は利用料有り。休館日：火曜日（祝日の場合は翌日）。連絡先：045（962）7414。

こどもの国

横浜市青葉区奈良町七〇〇、町田市三輪町

map 11

寺家ふるさと村から南西へ鴨志田団地、日本体育大学、横浜美術短大をへてすすむと、「こどもの国」東門に着きます。この緑地遊園は、皇太子（現天皇）御成婚記念事業として、町田市三輪町から横浜市奈良町にかけての丘陵一〇〇ヘクタールに開設されました。

こどもの国西側の奈良町五丁目の丘陵に広がる住宅地は、奈良町遺跡群の受地《うけち》だいやま遺跡です。奈良川谷戸を開拓した弥生時代後期から鎌倉時代の集落跡です。弥生後期の方形周溝墓《ほうけいしゅうこうぼ》からは、副葬品の青・紺色のガラス小玉《こだま》と鉄製の釧《くしろ》（腕輪）が出土しました。鎌倉時代の遺構は鍛冶炉三基で、木炭と鉄滓《てっさい》・羽口《はぐち》・中世陶器をともない、鉄製農工具を製作した小鍛冶工房です。

さて、こどもの国駅から横浜高速鉄道こどもの国線に乗って、田園都市線・横浜線長津田駅に出て、この散策を終わらせることもできますが、時間が合えば、こどもの国入口バス停を通る町田行きバス柿20に乗り、熊野神社前で降りましょう。

高ヶ坂遺跡

町田市高ヶ坂一四一七付近

map 12

熊野神社前バス停を降りると、坂道の西側に高ヶ坂《こがさか》遺跡の標柱が

上：「高ヶ坂石器時代遺跡」の説明板
下：高ヶ坂八幡平遺跡の標柱

こどもの国ガイド　開園時間：9時30分から16時30分まで（7・8月は17時まで）。入園料：大人600円、小中学生200円。休園日：水曜日（祝日の場合は翌日）、12月31日・1月1日。交通：東急田園都市線長津田駅でこどもの国線に乗換え、終点こどもの国駅下車。連絡先：045（961）2111。

Zoom Up

田奈部隊弾薬庫跡

こどもの国のある場所はかつての田奈村《たなむら》で、東京陸軍兵器補給廠《ほきゅうしょう》田奈部隊・田奈塡《てん》薬《やく》所がありました。相模原の相模陸軍造兵廠・陸軍士官学校など軍施設に近いことから、一九三八年（昭和一三）に陸軍の弾薬製造地下貯蔵施設として長津田《ながつだ》田奈の谷戸地が選ばれました。そして一九四五年（昭和二〇）までに東京の松村組と朝鮮人労務者によって工事がすすめられ田奈部隊関係軍事施設ができたのです。

こどもの国園内の遊歩道に沿った谷戸斜面には、ポニー牧場から第二トンネル、白鳥湖にかけて、地下弾薬庫一九カ所と、高射砲陣地、分駐所をみることができます。地下弾薬庫は、かつては三三基あって、コンクリート製の家形の地下室に各種の弾薬が納められていましたが、今は遊園地の倉庫や発電室として使われ、入口は閉鎖されています。遊園正門の食堂の建物は田奈部隊本部跡で、中央広場には弾薬輸送用鉄道のホームがあった跡があります。

こどもの国駅から長津田駅までの横浜高速鉄道こどもの国線は、元は軍事鉄道として一九四二年（昭和一七）につくられたものです。

こどもの国に残る田奈部隊地下弾薬庫の入口

あります。石器時代遺跡といえば貝塚を指していた大正時代の一九二五年（大正一四）、畑のゴボウが曲がるので不思議に思った農家の人がみつけたのは、石器時代の敷石住居でした。貝塚以外の丘陵での石器時代遺跡の画期的な発見として、一九二六年（大正一五）に国史跡に指定されました。

高ヶ坂遺跡は牢場《ろうば》、稲荷山、八幡平《はちまんたいら》の三遺跡からなります。縄文中期末の牢場遺跡には説明板が立ち、覆屋をかけて敷石住居址が保存されています。床面に平石が敷かれ、中央に石囲《いしがこ》い炉《ろ》があり、屋内で祭祀がおこなわれた遺構です。この西三〇メートルに、縄文中期末～後期の配石《はいせき》遺構が埋まっている稲荷山遺跡があります。さらに北方八〇〇メートルの芹《せり》ヶ谷《がや》ひだまり荘の南には、縄文早期の竪穴住居址と中期末の敷石住居址が発掘された八幡平遺跡の標柱が立っています。

高ヶ坂の芹ヶ谷公園には町田市立国際版画美術館があります。国際版画美術館には歌川広重の「東海道五拾三次」や棟方志功、デューラー、ゴヤ、シャガール、ルオーなどの二万点におよぶ版画作品を展示しています。時間があればぜひ寄ってみたい美術館です。

高ヶ坂牢場遺跡から西へ一キロ歩き、町田街道をくぐって中央図書館をへて、小田急線とJR横浜線の町田駅前に到着です。

町田市立国際版画美術館ガイド　開館時間：10時から17時まで（入館は16時30分まで、土・日・祝日は17時30分〔入館17時〕まで）、入館料：常設展は無料、企画展はその都度設定。休館日：月曜日（祝日の場合は翌日）、12月28日～1月4日。交通：町田駅より徒歩15分。連絡先：042（726）2771。

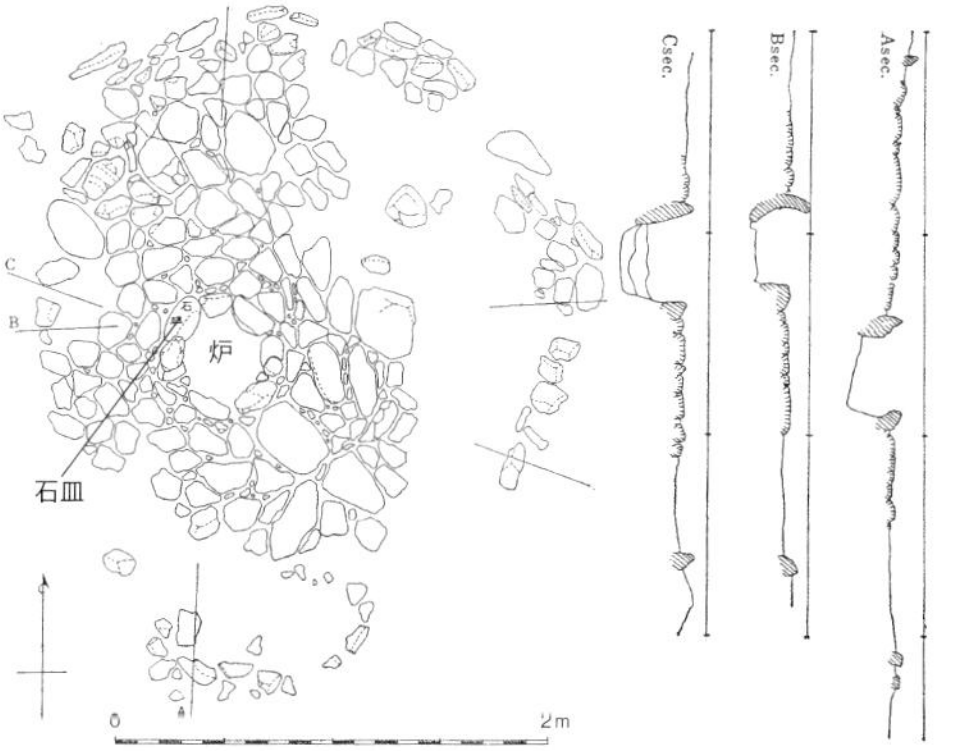

高ヶ坂八幡平遺跡の敷石住居址図　縄文時代中期末（加曽利E4期）の、直径2.5mの円形をした敷石住居です。石棒、石皿が出土しています。

⑪ 橘樹の遺跡を歩く

多摩川と南武線沿いの多摩丘陵・下末吉台地に営まれた、橘樹郡地域の縄文・弥生・古墳・古代・中世の遺跡を歩くコース。伊勢山台官衙跡と影向寺、馬絹古墳で古代の政治・仏教文化を偲びます。

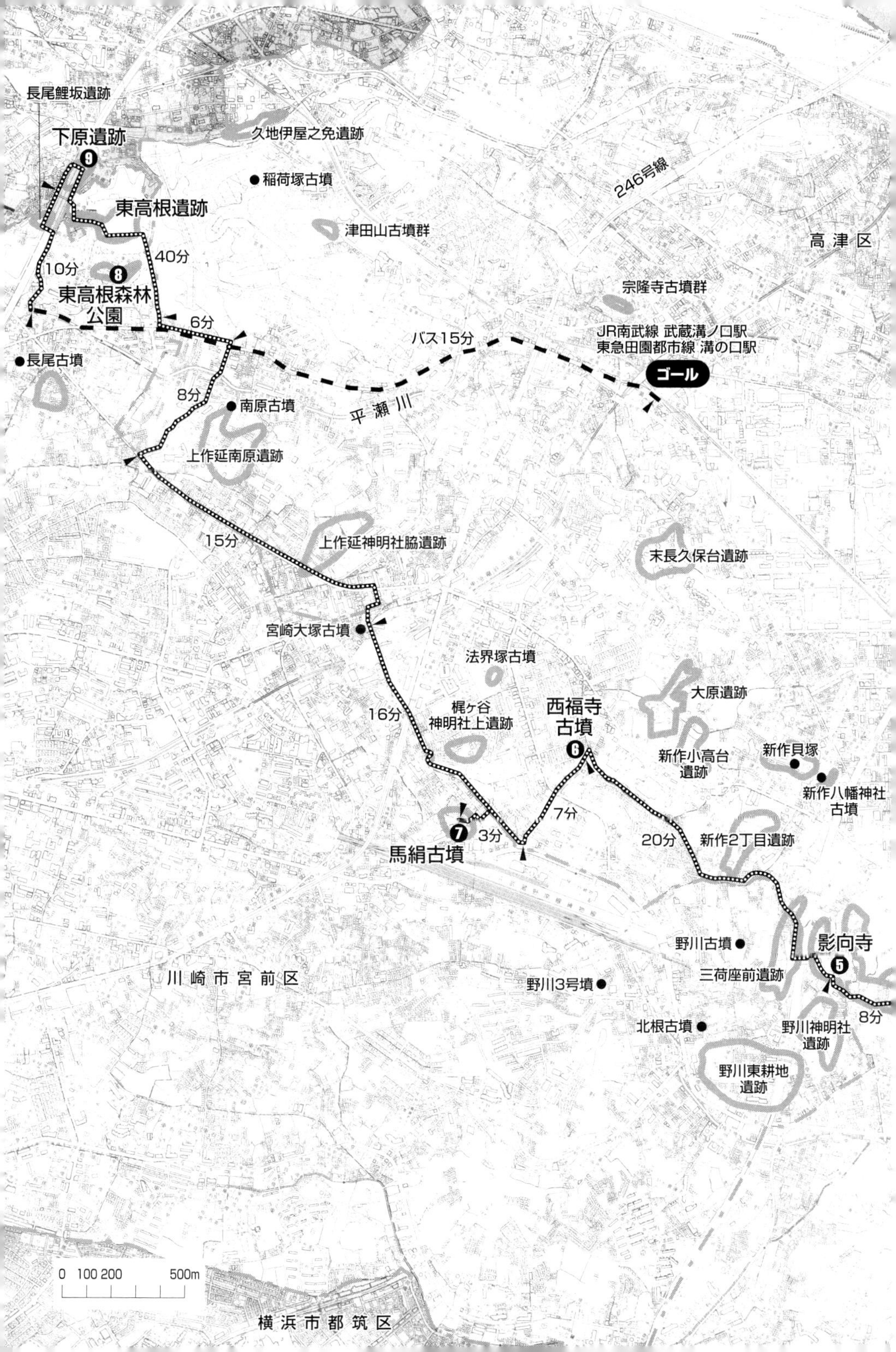
長尾鯉坂遺跡
下原遺跡
久地伊屋之免遺跡
稲荷塚古墳
東高根遺跡
246号線
津田山古墳群
高津区
10分
40分
東高根森林公園
宗隆寺古墳群
6分
JR南武線 武蔵溝ノ口駅
東急田園都市線 溝の口駅
バス15分
長尾古墳
ゴール
8分
南原古墳
平瀬川
上作延南原遺跡
15分
上作延神明社脇遺跡
末長久保台遺跡
宮崎大塚古墳
法界塚古墳
大原遺跡
16分
梶ヶ谷
神明社上遺跡
西福寺古墳
新作小高台遺跡
新作貝塚
新作八幡神社古墳
7分
3分
馬絹古墳
20分
新作2丁目遺跡
野川古墳
影向寺
川崎市宮前区
三荷座前遺跡
野川3号墳
8分
北根古墳
野川神明社遺跡
野川東耕地遺跡
0 100 200 500m
横浜市都筑区

川崎市市民ミュージアム

川崎市中原区宮内四丁目一—一

map 1

JR南武線・東急東横線武蔵小杉駅から市民ミュージアム行きバスで一〇分、等々力緑地に着きます。ここは、もと砂利採掘跡を利用した釣り堀でしたが、今はスポーツ施設の広がる公園になっています。とどろきアリーナの先にミュージアムがあります。

多摩川低地の緑地にある川崎市市民ミュージアムは、川崎市関係の歴史・考古・民俗・グラフィック美術・写真・漫画という六分野の資料の収集・展示・調査研究をおこなっている総合博物館です。基本テーマ「都市と人間」を掲げて一九八八年に開館し、年間一五万人が来館します。三階建ての大容量をもつ、現代建築の博物館です。常設展示室・企画展示室のほか、アートギャラリー・体験学習室・映像学習室・スタジオ・制作室・編集室・映像ホールなどの施設をもち、映像分野の学習と文化の創造に力を入れています。

常設展示では、子母口《しぼぐち》貝塚の貝層、初山天台《はつやまてんだい》遺跡、馬絹《まぎぬ》古墳石室《せきしつ》模型、伊勢山台《いせやまだい》遺跡と橘樹郡衙《たちばなぐんが》ジオラマ、中世稲毛《いなげ》三郎と城などについて知ることができます。図書室には、川崎市遺跡地図や文化財調査集録・遺跡調査報告書を完備していて閲覧できます。川崎市橘樹の遺跡を歩くには、この館を訪れて知識を蓄えておきましょう。

川崎市市民ミュージアムの博物館展示室の考古展示

川崎市市民ミュージアムガイド　開館時間：9時30分から17時まで（入館は16時30分まで）。入館料：博物館展示室は無料（企画展・ギャラリー展は有料）。休館日：月曜日（祝日の場合は開館）、祝日の翌日（土・日曜日の場合は開館）、年末年始。連絡先：044（754）4500。

館を出て、宮内から府中街道を越え、上小田中学と富士通工場の間をすすみ、武蔵中原駅西側の又玄寺《またげんじ》で南武線を渡り、南へ子母口新道まで行くと、高津区子母口です。市民プラザ通を千年《ちとせ》方向へ進み、左に折れて丘へ上がると、台地の先端の公園が子母口貝塚です。約三キロの徒歩なので、等々力緑地から武蔵中原駅までバスに乗り、乗り換えて子母口までバスで行くこともできます。

子母口貝塚

川崎市高津区子母口五四一―一四八

map 2

多摩丘陵の東端にあたる舌状《ぜつじょう》台地先端の一五〇メートルの範囲に、四カ所点在した貝塚の一部を子母口児童公園として保存しています。県史跡に指定され、公園内に説明板と貝層を保護観察するコンクリート施設があり、付近の畑にも貝殻が散らばっています。

子母口貝塚の貝層から出土した子母口式土器は、胎土《たいど》に繊維を含み、口辺部に細隆起線文と絡条体圧痕文《らくじょうたいあっこんもん》が施された尖底《せんてい》土器です。また貝層より下の黒土からは、撚糸文《よりいともん》が施された縄文早期の井草《いぐさ》式土器が出土しています。

川崎市内には、このほか縄文前期の新作《しんさく》貝塚・末長窪台《すえながくぼだい》貝塚・久《ひさ》本《もと》貝塚がありましたが、戦後の宅地開発によってほとんど破壊され、今は子母口貝塚が市内に唯一残る貝塚となっています。

子母口貝塚公園　説明板と貝層観察施設があります。

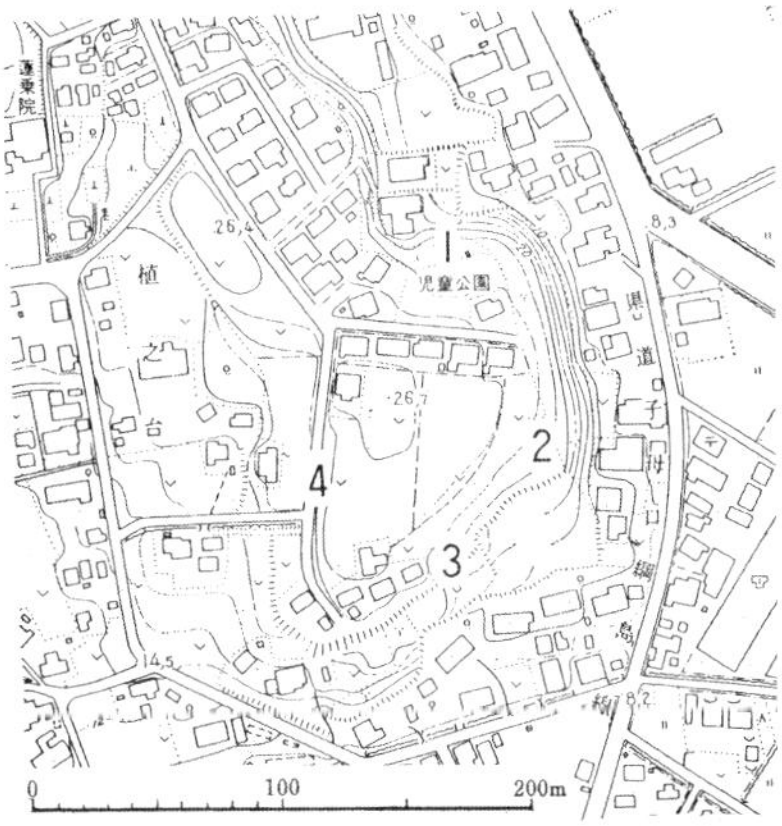

子母口貝塚の全体図　台地の先端に4カ所の斜面貝塚が点在しています。

Zoom Up

縄文海進と子母口貝塚

縄文時代早期から前期にかけては、気候温暖化により海水面が上昇し、陸地に海水が入り込む縄文海進期でした。

多摩川の海岸線は等々力あたりまで入り込み、高津周辺の低地は海水と淡水の混ざる汽水域《きっすいいき》となり、貝や魚が生息する入江となっていました。

その頃、すなわち約七〇〇〇年前の縄文人が台地先端の子母口に集落をつくり、入江で採取した貝殻や魚の骨を斜面に捨てたのが子母口貝塚です。貝層はマガキ・ヤマトシジミ・ハイガイで、厚さは二五センチあり、スズキ・クロダイの骨やシカの骨が出土しています。

子母口貝塚は縄文早期の子母口式土器の標準遺跡で、川崎市内では学史上もっとも著名な遺跡です。子母口式土器は、一九二七年（昭和二）に大山史前学研究所が発掘した資料をもとに山内清男《やまのうちすがお》が命名し、『先史土器図譜』で紹介しました。絡条体圧痕文をもつ深鉢形《ふかばちがた》尖底土器で、関東地方の早期後半の貝殻条痕文《かいがらじょうこんもん》土器群の型式です。その後、橘樹考古学会の岡栄一、山内清男、三森定男《みつもりさだお》ら考古学者が戦前に発掘しています。

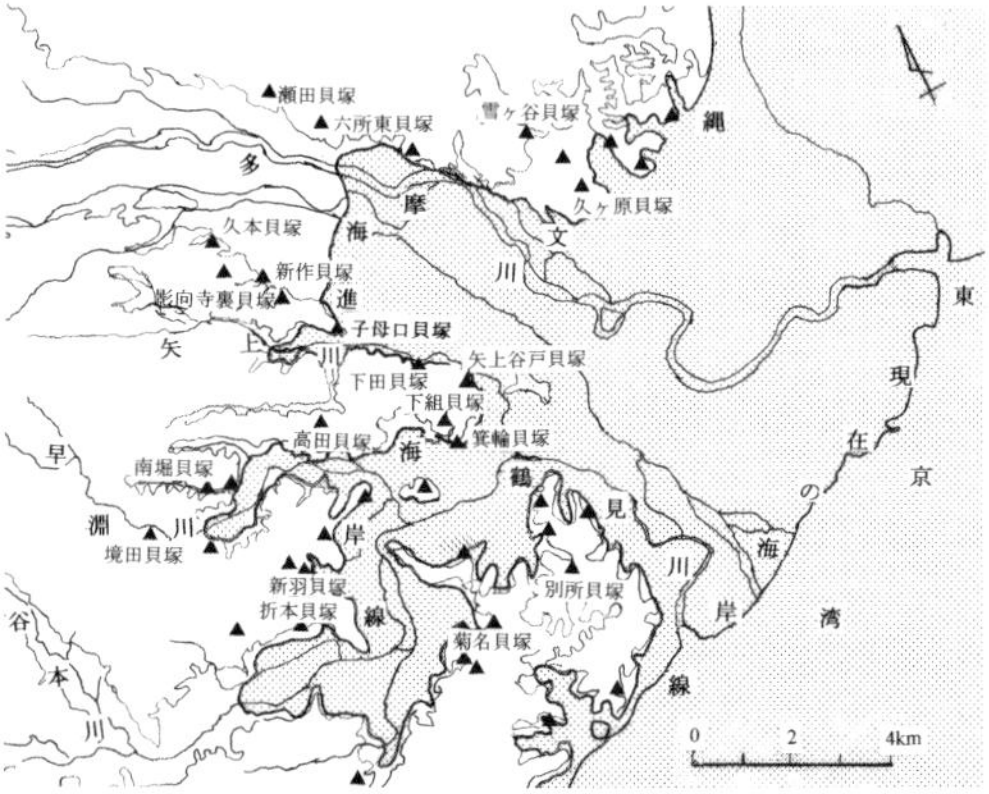

多摩川・鶴見川下流域の縄文時代の貝塚分布　縄文早期後半には子母口貝塚のように台地先端に貝塚がつくられました。前期には久本貝塚・南堀貝塚・境田貝塚のようにさらに奥につくられ、海岸が湾入していることがわかります。

富士見台古墳

map 3
川崎市高津区子母口一一二

子母口貝塚から住宅地の角にある「たちばなの散歩道」の案内板をたよりに四分歩くと橘樹神社です。橘樹神社は日本武尊《やまとたけるのみこと》と弟橘《おとたちばな》媛《ひめ》を祀る神社で、海路で入水した弟橘媛の衣と櫛《くし》がこの地に漂着したという社伝があります。古代には橘樹郡の総社とされ、子母口村の鎮守です。橘樹神社の北にある丘上の子母口富士見台公園には、その櫛を埋めたとされる富士見台古墳があります。直径一七・五メートル、高さ三・七メートルの六世紀の円墳とされていますが、詳細はわかっていません。

千年伊勢山台官衙遺跡

map 4
川崎市高津区千年四一三

たちばなの散歩道をたどり、影向寺《ようごうじ》バス停の道路を越え、千年《ちとせ》の伊勢山台《いせやまだい》の丘へとすすむと、能満寺《のうまんじ》と千年神社の間に広がる標高四二メートルの平らな台地が千年伊勢山台遺跡です。たちばなの散歩道から北東に入ると、「たちばな古代の丘緑地」の標識と説明板が立っています。

宅地開発にともなう発掘で、ここに古代の橘樹郡の役所があったのではないかと推定され、発掘調査が一九九八年から二〇〇七年ま

子母口式土器の破片　絡条体圧痕文をもつ。
左上：橘樹神社
左下：子母口富士見台古墳

でつづけられました。発掘では、総柱式掘立柱建物《そうばしらしきほったてばしらたてもの》五棟、側柱《そくちゅう》式掘立柱建物二棟が、二時期に方位をそろえて配置されているのがわかりました。総柱建物は桁行《けたゆき》三間、梁行《はりゆき》三間、六メートル四方と規模が大きく、三棟が品の字形に配列されていることから、郡衙《ぐんが》（古代の郡役所、郡家《ぐうけ》）に付属する高床式倉庫（正倉《しょうそう》）と判断されました。時期は七世紀後半から九世紀前半です。

千年・野川の台地には橘樹郡（七世紀後半は評《こおり》）の総社の橘樹神社と郡寺と考えられる影向寺が集中していることから、この遺跡は武蔵国橘樹郡衙《ぐんが》跡の正倉群と確定しました。郡衙の正倉は、東京都北区の御殿前《ごてんまえ》遺跡の豊島《としま》郡衙、横浜市長者原《ちょうじゃはら》遺跡の都筑《つづき》郡衙、山梨県笛吹市国府《こう》遺跡の山梨郡衙などが知られていますが、この遺跡のように構造がはっきりしたのはめずらしい例です。

さて、正倉が発見された土地が売却されることを知った千年町会や川崎地域史研究会は二〇〇〇年に、市議会へ歴史公園としての保存を陳情しました。それがきっかけとなって、川崎市は古代の政治や文化をさぐる重要な発見として遺跡を評価し、公有地化して二〇〇八年に説明板を設けて市重要史跡として公開しました。

都筑郡衙は宅地化で破壊されましたが、橘樹郡衙では中枢部を保存することができました。市の文化財課の積極的な取り組みのおか

千年伊勢山台遺跡・たちばな古代の丘緑地　ここに古代の橘樹郡の郡役所がありました。
左上：品の字に配置された倉庫群　総柱の大きな掘立柱建物の跡が3棟並んで発掘されました。
左下：倉庫群の現地説明会

げです。今後の伊勢山台遺跡全域の調査と保存が急務でしょう。

影向寺・影向石

川崎市宮前区野川四二一他

map 5

伊勢山台遺跡の西は宮前区野川《のがわ》となり、道の北側に影向寺があります。威徳山《いとくさん》影向寺は、正面に県指定重要文化財の薬師堂があり、国の重要文化財の木造薬師如来両脇侍《わきじ》像をもつ古刹《こさつ》です。山門を入ると、正面に薬師堂があり、右に影向石《ようごういし》があります。

『影向寺仮名縁起』では、奈良時代に聖武《しょうむ》天皇の命で、僧行基《ぎょうき》が霊石に薬師仏を安置し、寺院を開創したと伝えています。影向石は眼病に効く霊水がたまると伝えられていますが、ほぞ穴のあいた花崗岩の塔心礎《とうしんそ》です。この位置に基壇《きだん》が発見されていることから、奈良時代の三重塔の跡です。

薬師堂の解体修理調査により、創建当時の堂が現在の薬師堂とほぼ同じ位置に建てられていたことがわかりました。地下に三時期の金堂跡があり、江戸時代の一六九四年（元禄七）建築の現在の薬師堂まで、四時期の建物が変遷していることが確認されました。また境内の発掘調査では、白鳳《はくほう》時代の単弁蓮華文軒丸瓦《たんべんれんげもんのきまるがわら》、「都《つ》」や「无《む》射志国荏原評《さしのくにえばらごおり》」の文字瓦、奈良時代の大型掘立柱建物跡、八世紀中頃の複弁蓮華文軒丸瓦・瓦塔《がとう》、平安時代前期の瓦が出土しています。

影向石　径1.3m、高さ64cmの花崗岩でできた塔心礎です。

「都」と線刻された文字瓦
橘樹郡の隣の都筑郡名をあらわします。

影向寺薬師堂　5間×5間の銅板葺き寄棟造りの密教本堂の様式で、江戸中期、1694年（元禄7）の再建です。

これまでの考古学・文献史学・建築史学の調査成果から、影向寺の創建は七世紀後半で、小規模な金堂をもつ在地豪族の仏堂であったものが、八世紀中頃になると大規模金堂と三重塔を備えた伽藍《がらん》に拡大されて橘樹郡の郡寺になったと、三輪修三や村田文夫は考察しています。七世紀後半、影向寺は馬絹古墳や橘樹郡衙と並んだ三大土木事業でした。古墳文化から古代律令制国家へ発展し、仏教文化が関東に広がったことを示す重要な寺院です。

影向寺の南には、弥生時代後期の方形周溝墓《ほうけいしゅうこうぼ》がみつかった野川神明社境内遺跡がありますが、標識はありません。

西福寺古墳

川崎市高津区梶ヶ谷三丁目一六

map 6

影向寺の西の第三京浜道路にかかる影向寺台橋を越えて、「たちばなの散歩道」に沿って新作《しんさく》二丁目と梶ヶ谷《かじがや》六丁目の間の丘を行くと、赤白の煙突のある橘処理センターがみえます。その先の梶ヶ谷第三公園の中に西福寺《さいふくじ》古墳があります。

この古墳は矢上《やがみ》川を南に望む標高四六メートルの台地南にあり、西福寺の裏にあることから西福寺古墳とよばれています。梶ヶ谷土地区画整理事業の際に公園として保存され、一九八二年に日本大学の竹石健二と川崎市教育委員会によって保存整備のための実測と確

西福寺古墳　梶ヶ谷第3児童公園内に、直径35m、高さ5.5mの円墳が保存されています。

影向寺の遺構全体図　寺域内に金堂、三重塔基壇、掘立柱建物があったことがわかっています。

認調査がおこなわれました。

古墳は北側と西側が一部削られていますが、直径三五メートル、高さ五・五メートルの円墳で、まわりに幅六～七・五メートルの周溝がめぐっています。埋葬主体は未発掘で不明ですが、墳丘南側に横穴式石室が埋まっていると推定されています。調査では円筒埴輪《えんとうはにわ》・朝顔形埴輪・鳥形埴輪が多数出土し、鶏の頭部の埴輪《はにわ》が注目されています。埴輪は墳丘裾をめぐって立てられていたと推定されています。西福寺古墳の時期は、埴輪の年代編年と横穴式石室の出現に時間差があって確定できませんが、古墳時代、五世紀末から六世紀中葉とされています。

なお川崎市民プラザをへだてて、古墳から四〇〇メートル北東の新作《しんさく》小学校周辺は新作小高台《おだかだい》遺跡で、弥生・古墳時代の住居址、方形周溝墓が発掘されています。

馬絹古墳公園

川崎市宮前区馬絹九九四

map 7

梶ヶ谷第三公園から道を南へとり、坂を下ります。JR貨物ターミナル北の信号を右へ曲がり、梶ヶ谷テニスコートの先を住宅地へ上がると、馬絹の馬絹古墳公園です。古墳は馬絹神社境内に接し、柵で囲まれていますが、公園に古墳の説明板と標識があり、石室の

西福寺古墳から出土した鶏の埴輪と円筒埴輪片

馬絹古墳公園の説明板

写真や図もあって内部の構造がわかります。

馬絹古墳は矢上川の沖積地を南東に望む標高四三メートルの丘陵上にあり、直径三三メートル、高さ四・五メートルの円墳です。宅地造成にともなって一九七一年に國學院大學の樋口清之・金子皓彦により発掘調査されました。

古墳のまわりには、幅三・五メートルの周溝が南東部を除いてめぐっています。埋葬施設は切石積《きりいしづ》みの横穴式石室《よこあなしきせきしつ》で、全長九・六メートル、幅三メートルで、玄室《げんしつ》は三室に分かれ、第二室は胴張りのある長方形をしています。多摩丘陵の岩盤である泥岩を切石積みで積み上げ、天井になるにしたがい狭く積み上げる「持ち送り技法」で構築されています。石室の側面は白色粘土が塗られ、円形文様が認められています。石室内は、盗掘によって副葬品は発見されていませんが、鉄釘が出土しており、木棺が追葬されたようです。また奥室の規模が縦・横・高さとも三メートルであることから、一尺二九・六センチの唐尺《からじゃく》で設計されたと考えられています。

馬絹古墳は古墳時代後期の胴張りをもつ特異な複室構造の切石積みの横穴式石室であり、渡来系の影響の強い、七世紀後半の橘樹地域の首長《しゅちょう》の墓と考えられます。特徴的な石室であるため保存されることになり、市教育委員会で公有地化し県指定史跡公園となりまし

馬絹古墳の墳丘　直径33m、高さ4.5mの円墳です。

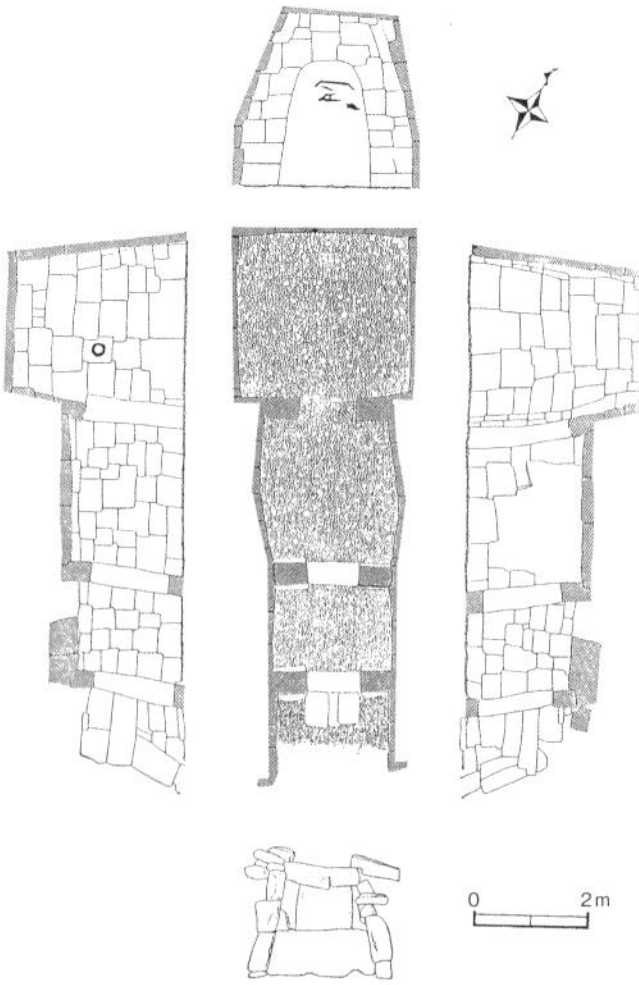

馬絹古墳の石室図　古墳時代後期の特異な3室の横穴式石室。全長9.6m、幅3mあります。

た。一九九〇年からの保存整備事業で、石室の補強や標識設置がおこなわれました。

馬絹古墳公園から梶ヶ谷寄りの通りに戻り、北へ進み246号線を横切り宮崎中入口信号の西方の民家内には、宮崎大塚古墳が保存されています。宮崎大塚古墳は二五メートル四方、高さ五・五メートルの古墳時代の方墳とされ、墳頂には戦時中に陸軍によって強制収用されたことを記した「馬絹古墳供養碑」が立てられています。

市民プラザ通を上作延《かみさくのべ》の丘へと進み、南原小学校先の信号で右折して平瀬川《ひらせがわ》を渡り、野川柿生線道路に出て左に行くと、神木本町《しぼくほんちょう》の東高根《ひがしたかね》森林公園前へ着きます。

東高根森林公園・東高根遺跡

川崎市宮前区神木本町二丁目二二

map 8

県立東高根森林公園は平瀬川を南に望む標高五五メートルの丘陵と谷戸《やと》に広がる面積一〇ヘクタールの自然・史跡公園です。公園南口のパークセンターに自然と遺跡についてのガイダンスがあります。

東高根に県住宅供給公社の宅地開発計画が具体化したため、一九七〇年に県・市教育委員会が予備調査をして、弥生時代後期から古墳時代後期にかけて、全体で一五〇軒を超える保存状態のたいへんよい大集落跡であることが確認されました。

東高根森林公園 木道が設けられた湿生植物園。

東高根遺跡が保存されている古代芝生広場

集落の生産の場である谷戸には湿地があり、斜面にはシラカシなど照葉樹林とクヌギ・コナラの落葉樹林が茂っています。この地は古代の植生が残る場として、植物学者宮脇昭により高く評価されました。そして、専修大学学生を中心とした「東高根の遺跡と自然林を保存する会」が保存署名運動を展開したのです。開発は中止され、東高根遺跡とシラカシ林は県史跡・天然記念物に指定されました。

公園は一九七八年の開園以来、森林公園として市民や子どもたちに親しまれています。園内には梅・桜・アジサイ・紅葉が四季を彩り、カワセミ、メジロ、コゲラなどの野鳥が飛来し、池にはマガモ、メダカやコイなどと動植物ともたいへん豊かです。

公園の周遊道を通って丘の上に行くと、古代芝生広場には東高根遺跡の遺構の説明板があります。試掘トレンチで確認できた竪穴《たてあな》住居址《じゅうきょし》は六二軒です。そのほかに溝状遺構があり、台地斜面には横穴墓四基が確認されています。古代植物園では古代に木製農具に利用されたカシ類や食用植物をみてまわることができます。

下原遺跡

川崎市多摩区長尾七丁目一二

map 9

公園西側の長尾口を出ると、下原《しもっぱら》橋の下を東名高速道路が通過しています。北側に久地《くじ》駅と多摩川方面を望むことができます。こ

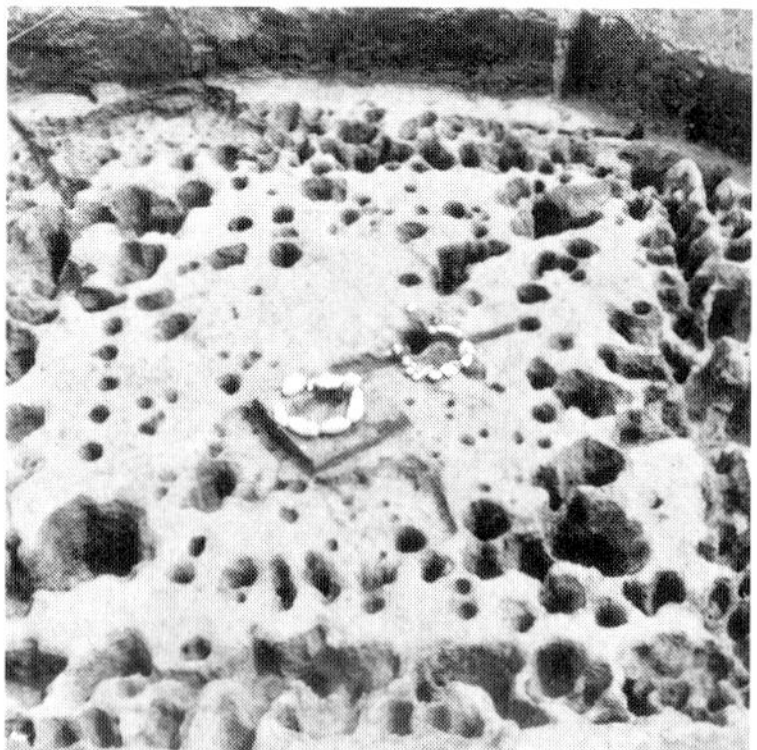

下原遺跡の2号住居址　炉が2基みえますが、よくみると床面の高さが違い、同時にはなかったことがわかります。

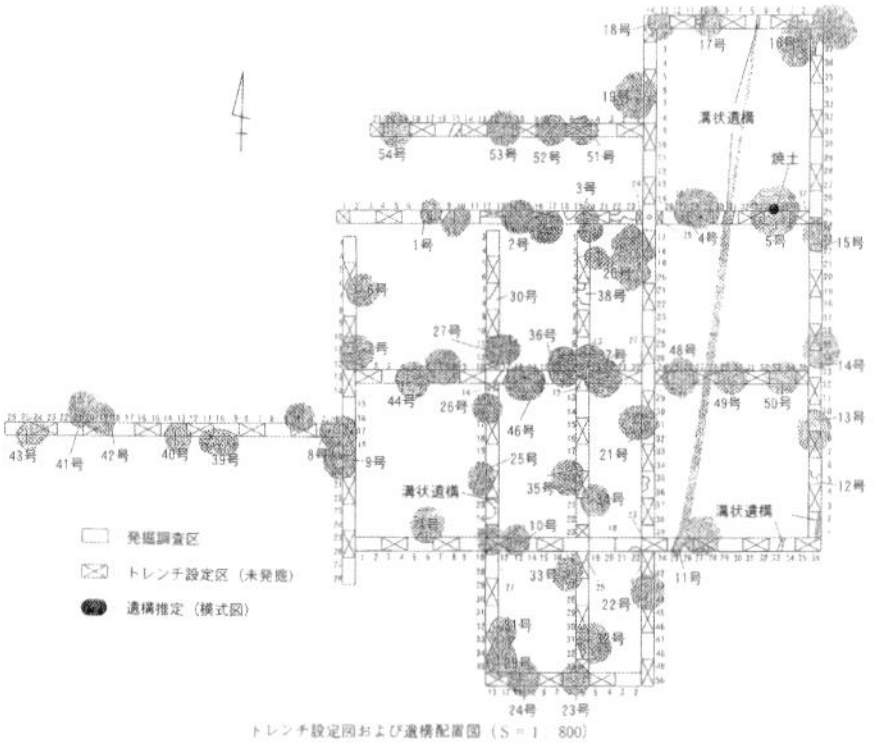

東高根遺跡でみつかった竪穴住居址の分布　1970年の試掘トレンチで62軒が確認されました。

の下原橋一帯が下原遺跡です。下原遺跡は東名高速道路建設にともない、一九六五、六七年に和島誠一と武蔵地方史研究会により緊急発掘されました。縄文時代晩期の住居址七軒と土坑墓《どこうぼ》三〇基が発見され、安行《あんぎょう》Ⅲb～Ⅲd式土器、多数の石鏃《せきぞく》、獣骨の埋まる骨塚とともに石剣《せきけん》・土偶《どぐう》・土版《どばん》・耳飾《みみかざり》などの呪術的遺物が多く出土しました。

多摩川流域の調布市下布田《しもふだ》遺跡と共通する晩期の遺跡は、原始共同体解体期の歴史を物語る数少ない集落としてたいへん貴重な遺跡でした。しかし保存されることなく、破壊されました。わたしは当時、大学生で発掘に参加していました。遺構の測量記録を夜中までかかって終えると、翌朝すぐに工事のブルドーザーが動いて、遺構は目の前で壊されるという発掘現場でした。涙の出るほど悔しい思いをしたことを、今も忘れることができません。下原遺跡は残っていませんが川崎市市民ミュージアムに遺物が展示されています。

この下原遺跡で見学を終えて、東名側道に沿って南へ下り、神木《しぼく》本町《ほんちょう》バス停へ向かいます。市営バスで田園都市線溝の口駅・南武線武蔵溝ノ口駅へ行きます。余力があれば、神木本町から平の八幡橋を経由して三・五キロ歩くと、生田緑地の川崎市立日本民家園と桝《ます》形山《がたやま》に築かれた稲毛三郎重成《しげなり》の桝形城跡です。桝形城跡を歩き、小田急線向丘遊園駅でこのコースを終えることもできます。

川崎市立日本民家園ガイド 開園時間：9時30分から17時まで（入園は16時30分まで、11～2月は16時30分（入園は16時）まで）。入園料：大人500円、高校・大学生300円、中学生以下無料。休園日：月曜日（祝日の場合は翌日）、12月28日～1月3日。連絡先：044（922）2181。日本各地の民家など25の文化財建築物を移築・展示しています。

下原遺跡の2号住居址から出土した縄文晩期の土器
浅鉢など、線描きの入組文のある安行Ⅲc・Ⅲd式の土器です。

⑫ 都筑・青葉の遺跡・古墳を歩く

横浜市都筑区・青葉区にかかる早淵川、鶴見川に沿って、港北ニュータウン地域の原始・古代・中世の遺跡を歩くコース。弥生時代の環濠集落と稲荷前古墳群が見どころ。

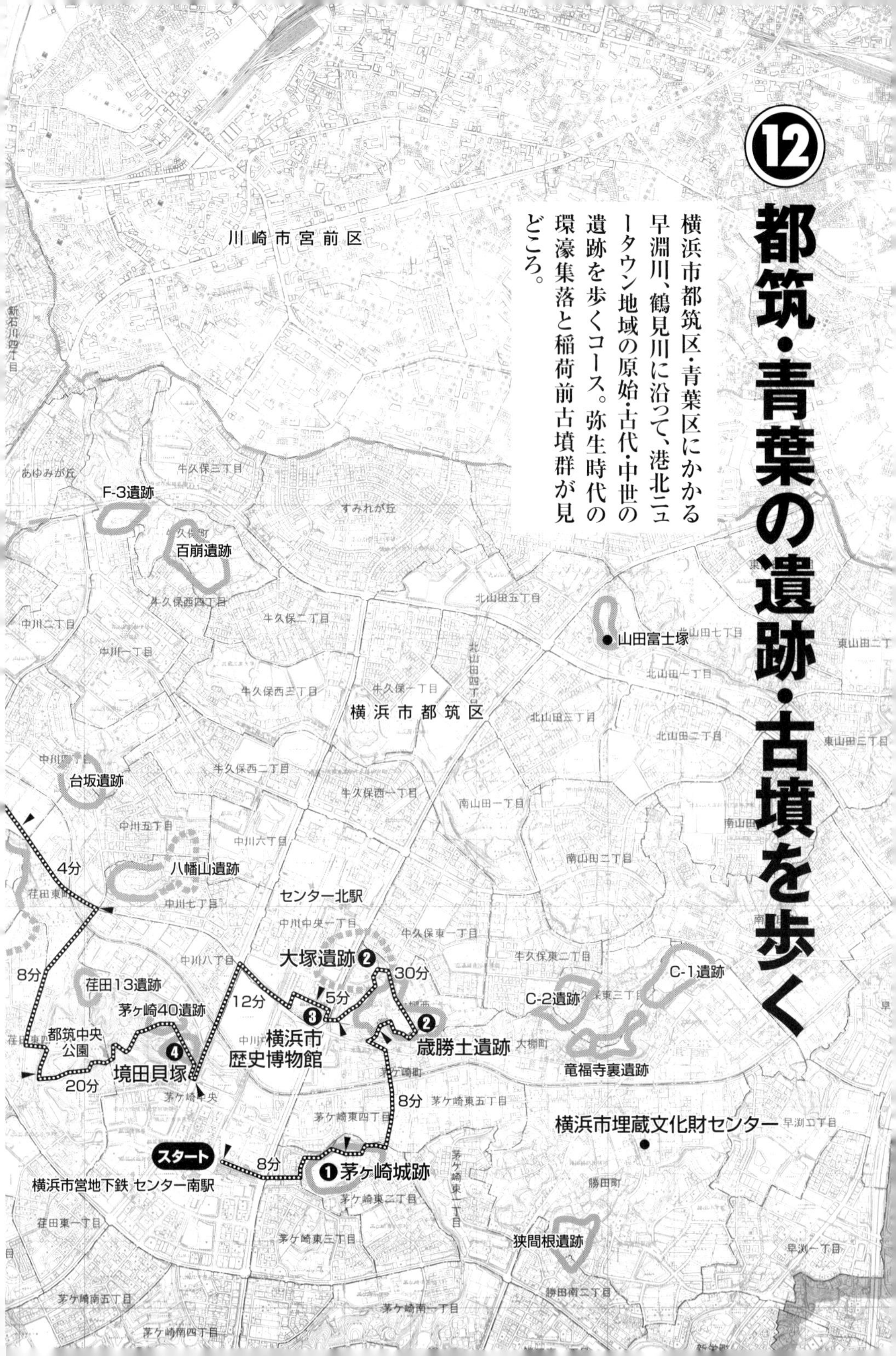

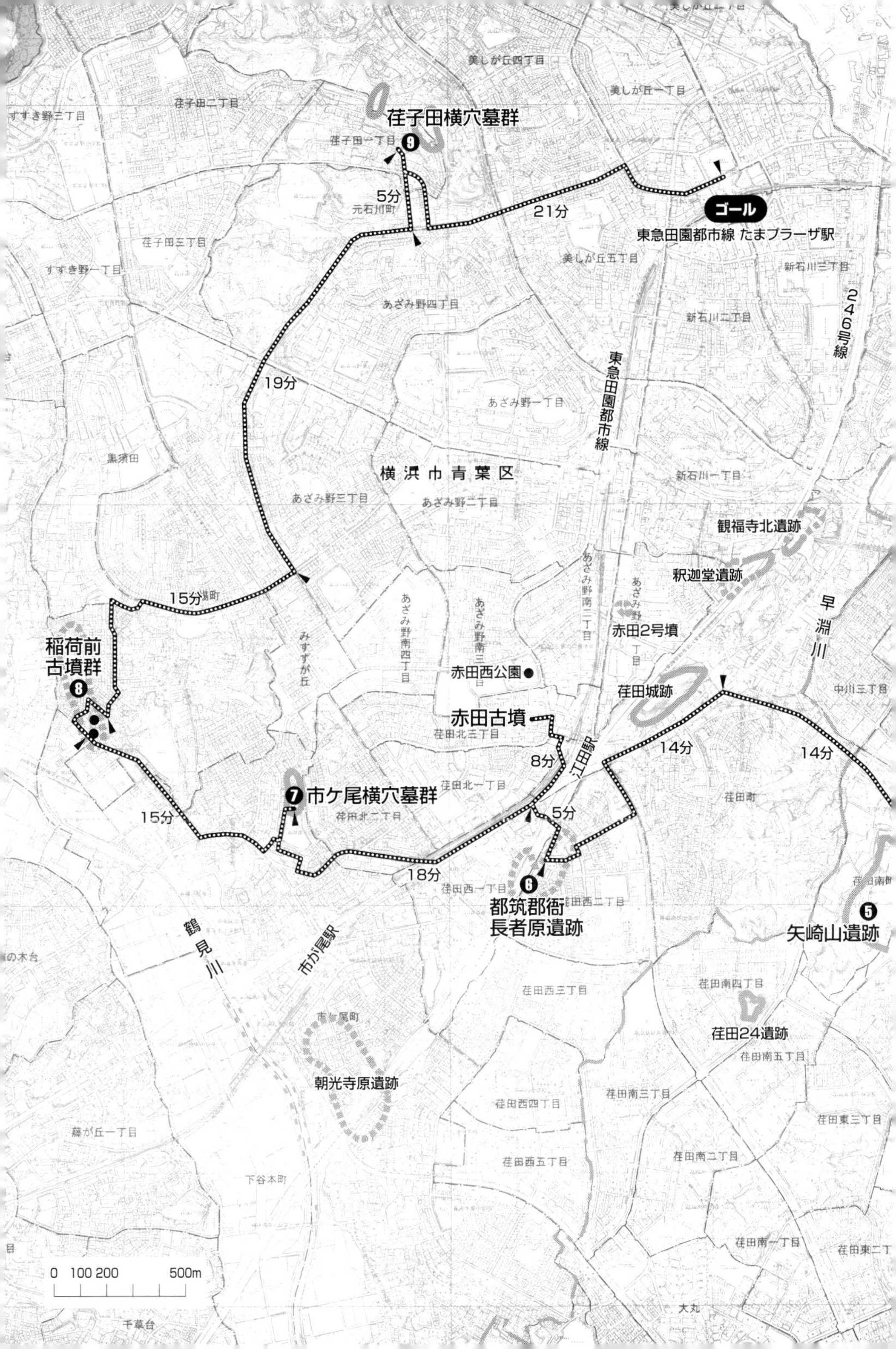

荏子田横穴墓群
9
5分
21分
ゴール
東急田園都市線 たまプラーザ駅
246号線
19分
東急田園都市線
横浜市青葉区
観福寺北遺跡
釈迦堂遺跡
15分
稲荷前古墳群
8
赤田2号墳
早淵川
赤田西公園
荏田城跡
赤田古墳
14分
14分
8分
江田駅
7
市ケ尾横穴墓群
15分
5分
18分
6
都筑郡衙長者原遺跡
5
矢崎山遺跡
鶴見川
市が尾駅
荏田24遺跡
朝光寺原遺跡
0 100 200 500m
美しが丘四丁目
美しが丘一丁目
荏子田二丁目
すすき野三丁目
荏子田一丁目
元石川町
荏子田三丁目
すすき野一丁目
美しが丘五丁目
新石川三丁目
あざみ野四丁目
新石川二丁目
あざみ野一丁目
黒須田
新石川一丁目
あざみ野三丁目
あざみ野二丁目
あざみ野南二丁目
あざみ野南四丁目
あざみ野南三丁目
あざみ野南一丁目
みすずが丘
中川三丁目
荏田北三丁目
荏田北一丁目
荏田町
荏田北二丁目
荏田西一丁目
荏田西二丁目
荏田南町
荏田西三丁目
荏田南四丁目
市ケ尾町
荏田南五丁目
荏田西四丁目
荏田南三丁目
荏田東三丁目
藤が丘一丁目
荏田西五丁目
荏田南二丁目
下谷本町
荏田南一丁目
荏田東二丁目
大丸
千草台

茅ヶ崎城跡

横浜市都筑区茅ヶ崎東二丁目二五

map 1

港北《こうほく》ニュータウンにある横浜市営地下鉄センター南駅が起点です。市役所通りの東へ駐輪場の角を曲がり、緑におおわれた丘陵をみて、突き当たりを北へまわりこむと、住宅地の前が茅ヶ崎城址《ちがさきじょうし》公園です。二〇〇八年に市環境創造局が史跡公園として整備公開しました。北側の正門から公園内の遺構を見学します。

茅ヶ崎城跡は早淵川《はやぶちがわ》南岸の標高三三メートルの城山《じょうやま》とよばれる一段高い丘陵上にあり、城域は南北二〇〇メートル、東西三三〇メートルです。城の縄張《なわば》りは東西に五つの曲輪《くるわ》がならぶ連郭式城郭《れんかくしきじょうかく》で、虎口《こぐち》は中郭につき、単純に土塁《どるい》を切って斜路をつくっています。

発掘調査は、一九九三年から横浜市埋蔵文化財センターによりおこなわれました。中郭からは掘立柱建物址《ほったてばしらたてもの》や土蔵址が発掘され、陶器が出土しています。この城は一五世紀前半に扇谷《おうぎがやつ》上杉氏によって築城され、一五世紀後半には大規模な改修が加えられ、一六世紀中葉には後北条氏家臣の座間《ざま》氏や深沢氏が防備を強化した城です。構造は港北区小机《こづくえ》町の小机城より古い構造をもっていて、北条氏が鶴見川流域の支配権を確立する過程で修築した支城とみられています。また、茅ヶ崎城北側の西郭北に接して、近代の戦車壕が二

茅ヶ崎城跡・中郭の建物表示

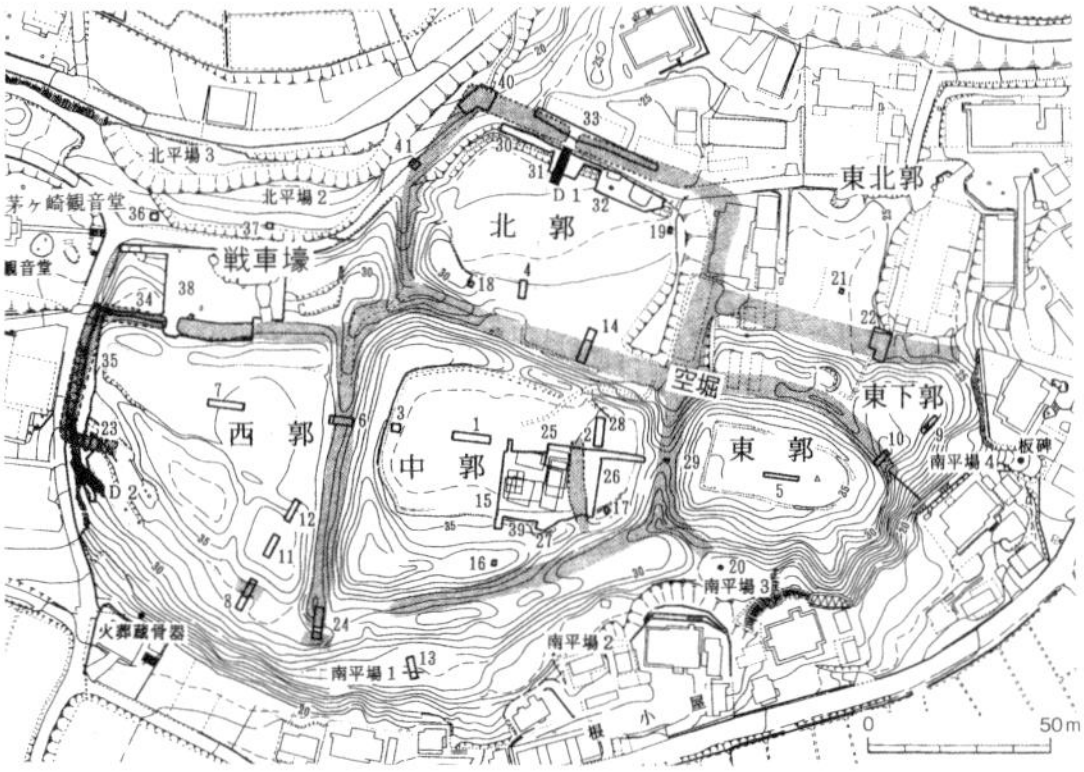

茅ヶ崎城跡全体図　中央の中郭が主郭で、南西には櫓台がおかれ、それぞれの郭には高さ3m、幅8mの土塁がつき、幅15m、深さ4mの空堀がかこんでいます。

基発掘されており、戦時の本土決戦に備えた戦争遺跡です。

茅ヶ崎城址公園正門を出て道を東から北へ曲がり、早淵川を茅ヶ崎橋で渡り、吾妻山《あずまやま》バス停から丘を上ると、大塚《おおつか》・歳勝土《さいかちど》遺跡公園です。

大塚・歳勝土遺跡公園

横浜市都筑区大棚西一

map 2

大塚・歳勝土遺跡は、センター北駅の東の吾妻山にある弥生中期の遺跡です。一九七二年の横浜市港北ニュータウン埋蔵文化財調査団（岡本勇団長）の発掘調査で明らかとなりました。当時、調査団に所属したわたしも、両遺跡の発掘にたずさわりました。調査団本部は中川町にあり、その裏山の竹藪のなかに弥生時代後期の住居址と溝状遺構がみつかったのです。

溝内から弥生中期宮ノ台式土器の壺棺《つぼかん》が出土し、この歳勝土遺跡には方形周溝墓《ほうけいしゅうこうぼ》が二六基あることが確認されました。西側の大塚遺跡は同時期の住居址とV字溝が発見され、その後三年間の調査で大きな弥生中期の環濠集落跡であることがはっきりしたのです。

大塚遺跡の環濠は東西二三〇メートル、南北一三〇メートルであることが確認され、二時期のV字形溝が九〇軒の竪穴住居址《たてあなじゅうきょし》と高床倉庫址一〇棟をかこんでいました。

発掘当時の歳勝土遺跡の全景　四隅の切れた10m四方の方形の溝が低い墳丘をかこみいくつも並んでいます。墳丘の中央には墓坑があります。

発掘当時の大塚遺跡の全景　吾妻山の丘陵上に東西230m、南北130mのまゆ形の環濠があり、3群の住居と倉庫をかこんでいました。

竪穴住居址は径五メートルくらいの小判形で、中央に枕石《まくらいし》を置いた炉があり、主柱四本で南壁ぎわには斜めに掘り込まれた穴がありました。これは入口で、そこから床に下りる丸木の梯子《はしご》が設けられた跡です。住居内には、木炭と灰が残る焼失住居址もあり、他の地域集団からの攻撃を防ぐために環濠を設けて防御しても、たびたびムラが襲われたことが推定されます。

この遺跡が重要なのは、弥生中期における原始農村と家長層の墓地が一体となった東日本の典型的な遺跡だということです。調査団は両遺跡の全面保存を訴え、港北の市民団体の保存署名運動や日本考古学協会・文化財保存全国協議会の保存要望もありました。しかし、大塚遺跡の北西半分は道路計画が変更できないため、部分保存ということになり、一九八六年に国史跡に指定されました。

現在、大塚・歳勝土遺跡の約三万三〇〇〇平方メートルが公有地化されて、遺跡公園になっています。大塚遺跡では、竪穴住居址二七軒（うち復元住居七軒）が保存、高床倉庫一棟が復元され、外部に柵をもち、木橋を架けた環濠の一部が保存されています。

歳勝土遺跡では、弥生中期の方形周溝墓二五基のうち五基の低墳丘と埋葬施設が復元され、保存されています。遺跡公園をまわると、中学・高校の歴史教科書にも必ず載っている環濠集落と方形周溝墓

大塚・歳勝土遺跡公園の弥生中期の住居址と復元住居　竪穴住居27軒と高床倉庫1棟が保存されています。小判形の竪穴住居には炉と柱穴、壁溝があります。

歳勝土遺跡の方形周溝墓

Zoom Up

港北ニュータウン遺跡群

港北ニュータウンは、横浜市港北区（現都筑区）の多摩丘陵と下末吉《しもすえよし》台地、鶴見川流域の早淵川・谷本川《やもとがわ》低地に計画された、面積一三一七ヘクタール、計画人口二二万人の宅地造成事業です。一九七四年着工当時、この地域は田園地域で、畑と雑木林・農家・鶏舎が広がっていました。

港北ニュータウン地域の遺跡調査は一九七〇〜八九年の二〇年間、港北ニュータウン埋蔵文化財調査団によっておこなわれ、区域内にあった二六八カ所の遺跡のうち約二〇〇カ所を調査しました。後期旧石器時代の集落、縄文前期の貝塚集落、弥生・古墳時代の集落、中近世の屋敷跡・城跡・墓地などを、遺跡群研究の視点で調査研究が続けられました。

その後一九八九年に財団法人横浜市ふるさと歴史財団埋蔵文化財センターが発足して調査を引き継ぎました。同センターは、港北ニュータウン地域の遺跡調査の成果を市民・研究者に公開するため、膨大な量の未整理遺物や図面・写真記録を整理・研究しています。

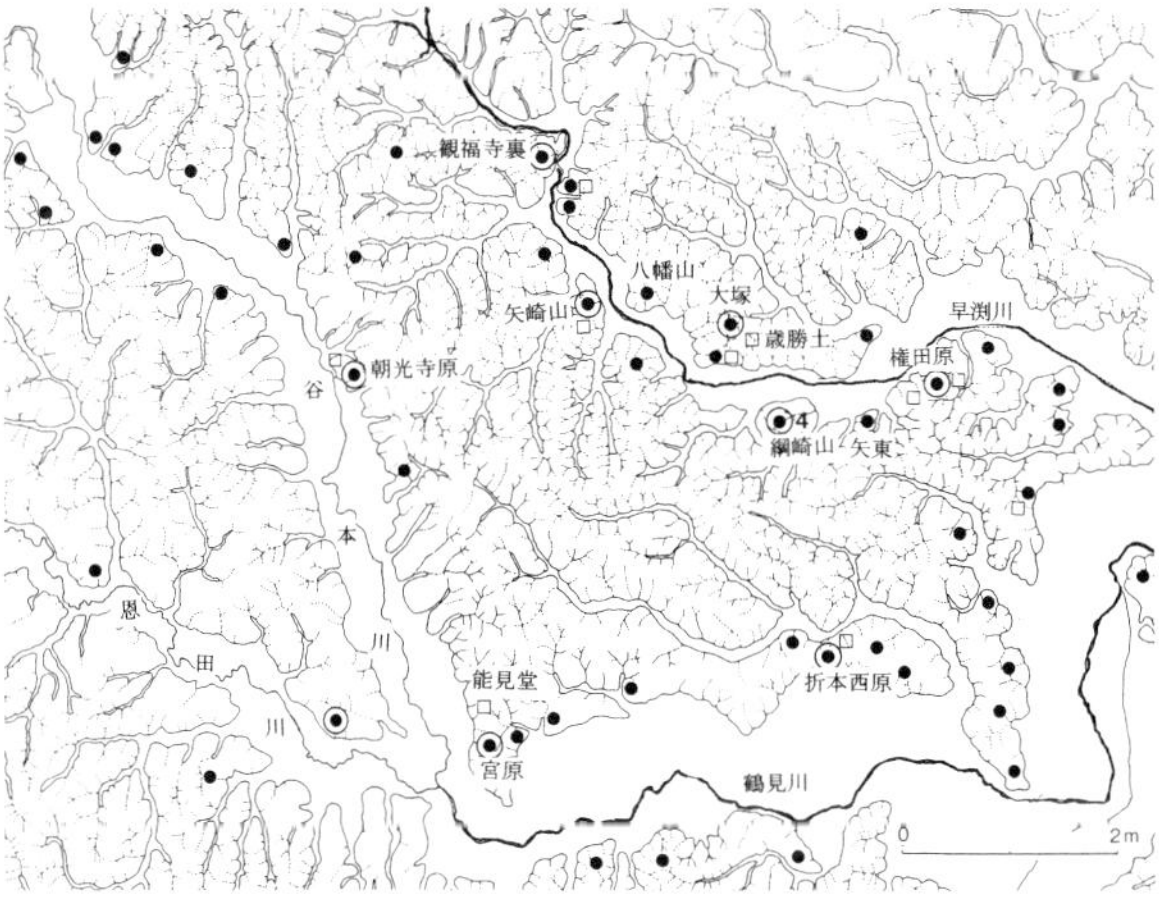

港北ニュータウンの遺跡分布図　●遺跡、◉環濠集落、□方形周溝墓
弥生時代中期の主要遺跡が川の合流点や台地上に分布しています。

の規模や構造を実感することができます。
また遺跡公園北東には都筑《つづき》民家園があり、牛久保《うしくぼ》村にあった江戸時代後期の農家が移築され、旧長沢家住宅の内部を見学できます。

横浜市歴史博物館

横浜市都筑区中川中央一丁目一八―一

map 3

大塚・歳勝土遺跡公園から歴博通りを陸橋で渡ると、デパート・商業施設・観覧車が並ぶニュータウンセンター街で、センター北駅南の横浜市歴史博物館の入口へ着きます。

近代建築の博物館内部は、常設展示室・企画展示室・体験学習室・図書閲覧室を備え、常設展示では、縄文時代の花見山《はなみやま》遺跡、南《なん》堀《ほり》貝塚、神隠丸山《かみかくしまるやま》遺跡、古梅谷《こうめやと》遺跡、弥生時代の大塚・歳勝土遺跡、折本西原遺跡、朝光寺原《ちょうこうじばら》遺跡、古墳時代の矢崎山遺跡、朝光寺原古墳、稲荷前古墳群、古代の都筑郡衙はじめ古代・中世・近世・近現代の横浜の歴史を実物と映像でわかりやすく展示しています。

境田貝塚

横浜市都筑区茅ケ崎中央五七ほか

map 4

歴史博物館を出て、区役所通りを南へ行きます。早渕川南側の都筑中央公園には、鶴見川最奥の貝塚で、縄文前期後半の境田《さかいだ》貝塚があります。日本武尊《やまとたけるのみこと》を祀る杉山神社を上った丘の上に標識があり、

都筑民家園ガイド　開園時間：午前9時から午後5時まで。休園日：12月29日から1月3日、毎月第3月曜日（祝日の場合は翌日）。入園料：無料。連絡先：045（594）1723。

横浜市歴史博物館ガイド　開館時間：9時から17時まで。常設展：大人400円、高・大学生200円、小・中学生100円。休館日：月曜日（祝日の場合は翌日）、年末年始。連絡先：045（912）7777。

都筑中央公園の境田貝塚

貝殻が散乱しています。都筑中央公園をまわり、西口から矢崎橋へ行きます。

矢崎山遺跡

map 5

都筑区荏田東五丁目・荏田東町

矢崎橋をすぎると、道の南側に矢崎不動尊があります。その南の畑と住宅の丘が矢崎山遺跡ですが、標識はありません。矢崎山遺跡では古墳時代中期・後期の竈《かまど》をもつ竪穴住居址《たてあなじゅうきょし》一〇〇軒が発掘され、鍛冶にかかわる羽口《はぐち》が出土し、柚ノ木谷《ゆのきやと》を開発した拠点村落とみられています。さらに荏田町《えだちょう》へとすすみます。

都筑郡衙・長者原遺跡

map 6

横浜市青葉区荏田西二丁目八―一

荏田町信号を左へ曲がり、246号線を東急都市線江田駅前を行くと、上に東名高速道路高架が広がり、その南三〇〇メートルが荏《え》田猿田《ださるた》公園です。公園を含め東名をはさんだ約二〇〇メートル四方は都筑郡衙《つづきぐんが》跡で、長者原《ちょうじゃはら》遺跡の説明板が立っています。

長者原遺跡では奈良時代の掘立柱建物約四〇棟が規則正しく並び、都筑郡を示す「都」の墨書《ぼくしょ》土器、緑釉《りょくゆう》陶器、円面硯《えんめんけん》が出土しています。これらの遺構・遺物から、古代の武蔵国都筑郡衙跡と判断されました。交通の要衝になる荏田にあった都筑郡衙は、郡衙の構造

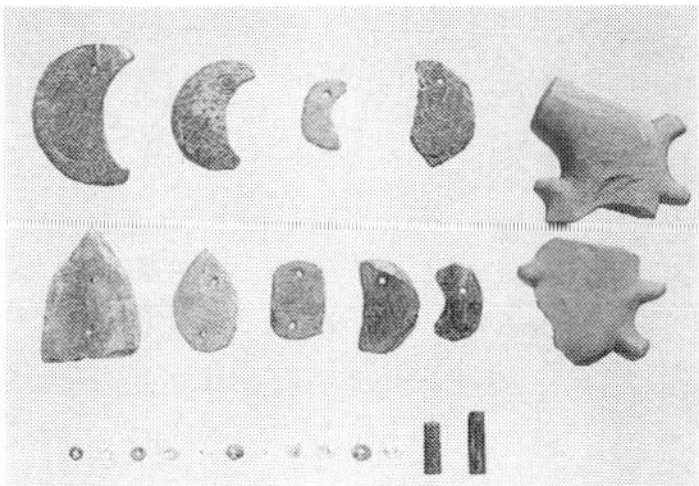

右上：矢崎山遺跡の竈をもつ竪穴住居址
右下：矢崎山遺跡出土の石製模造品・子持勾玉・臼玉・管玉

都筑郡衙跡・長者原遺跡の猿田公園　宅地開発で1979年から2年間で緊急発掘調査がされましたが、保存運動がおこることもなく、遺跡は保存されませんでした。

がわかる貴重な遺跡だったのですが、ほとんど残っていません。

なお、あざみ野南三丁目の赤田西《あかだにし》公園には、荏田町の赤田2号墳の切石積《きりいしづ》みの横穴式石室《よこあなしきせきしつ》が移設されています。郡衙に先行する古墳時代後期の小首長《しゅちょう》墓です。

市ケ尾横穴墓群

横浜市青葉区市ケ尾町一六三九―二

map 7

猿田公園から246号線（厚木大山街道）を西へすすみます。市《いち》ケ《が》尾《お》駅前で市ケ尾商店街へ入り、地蔵堂下で右に曲がり市ケ尾小学校へむかいます。小学校正門の北に接して市ケ尾遺跡公園があります。遺跡公園内の散策路をたどり各横穴墓の構造を見学しましょう。

市ケ尾横穴墓（指定名称は横穴古墳）群は、一九三三年（昭和八）に発見され、石野瑛《いしのあきら》により記録され、一九五六年には横浜市史編纂のため、和島誠一・甘粕健・田中義昭・岡田清子ら武蔵地方史研究会が全面発掘しました。市ケ尾の鹿ケ谷《かがや》遺跡や高塚古墳を含め、古墳と横穴墓の関係、古墳・横穴墓の被葬者と集落との関係を究明する明確な学術目的で取り組まれた調査で、「国民的歴史学運動」の一環として地元市民も多数参加しました。

一九基の横穴墓は、丘陵の泥岩層を掘り込んで、A群一二基とB群七基に分かれています。墓内部は一段高い棺座《かんざ》のあるものや玄室《げんしつ》

市ヶ尾遺跡公園

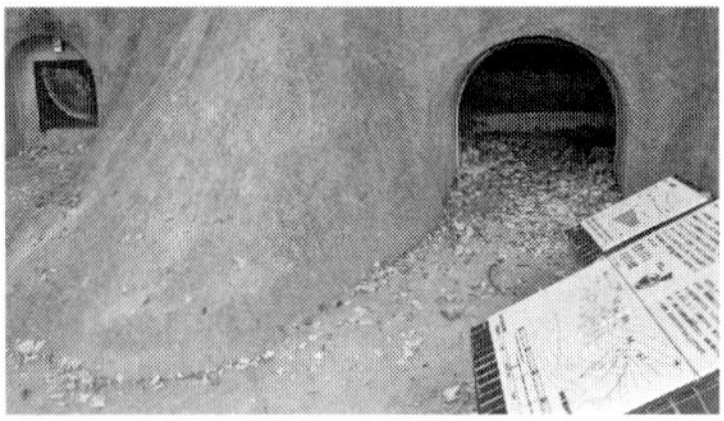

上：市ヶ尾横穴墓A群　以前は墓内へ立ち入ることができましたが今は制限されています。入口より、照明の当たっている内部をみましょう。
左：市ヶ尾横穴墓B群

に間仕切りのあるものなど形式は違い、玄室と羨道《せんどう》をつくり、外部に前庭部《ぜんていぶ》と墓道が広がっています。人骨、耳環・玉の装飾品と鉄製刀子《とうす》、須恵器《すえき》や土師器《はじき》が出土しています。

調査では前庭部に坏《つき》が出土し、墓前祭祀の跡と考えられ、数基の横穴墓が単位群となり、一系列の氏族によって造営されたことが解明されました。古墳時代後期、六世紀後半から七世紀後半にかけての都筑地域の有力な家父長や農民の墓と考えられました。

一九五七年には神奈川県史跡に指定され、保存・公開されました。その後、周辺の宅地開発により横穴墓群が孤立した丘になり、遺構の風化がすすんだので、一九九五年に横浜市教育委員会により遺構の保存科学処理が施され、公園の保存整備がすすめられました。

稲荷前古墳群

横浜市青葉区大場町一五六－一〇ほか

map 8

市ケ尾遺跡公園からバス通りに戻り、西へ進み上市ケ尾バス停から大場町の水道局青葉営業所前まで行くと、稲荷前古墳群の標識があります。階段を丘陵上へ上れば、やよいが丘団地の南端にある稲荷前古墳群です。

現在、前方後方墳一基と方墳二基の計三基が、稲荷前古墳公園として保存・公開されています。四世紀から五世紀の古墳時代前期・

稲荷前古墳群16号墳　全長38m、高さ4mの前方後方墳で、二つの方丘を台形のくびれ部でつないでいます。

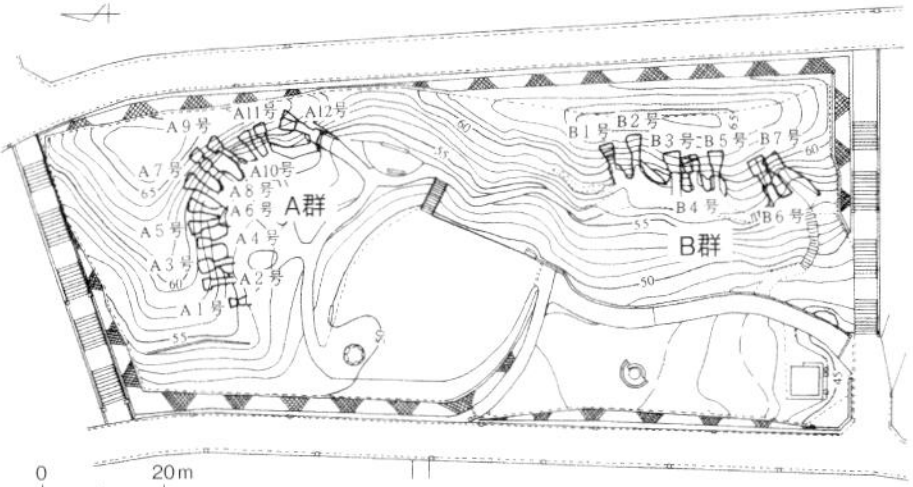

市ケ尾横穴墓群の全体図　A群12基とB群7基の19基があり、外部に前庭部と墓道が広がっています。6〜7世紀の谷木川流域の有力な農業共同体の家族墓です。

Zoom Up

古墳の博物館

　稲荷前古墳群は一九六七年に横浜市北部埋蔵文化財分布調査団の踏査によって発見されました。黒須田川《くろすだがわ》沿いを踏査していた調査団が、住宅造成中で林が伐採されていた丘に人工的な高塚を発見したのです。当時、わたしは学生で、朝光寺原遺跡の発掘に参加していて、稲荷前に古墳群が発見されたという知らせにはわくわくした記憶があります。

　調査は、稲荷前古墳群調査団甘粕健《あまかすけん》が担当して、同年夏と翌年冬・春におこなわれ、一〇基の古墳と横穴墓三群の発掘がされました。

　そしてこの古墳群は、前方後円墳二基、前方後方墳一基、円墳四基、方墳三基、横穴墓三群からなる古墳群であることが明らかになりました。甘粕は、稲荷前古墳群は四、五世紀の首長墓で、五世紀中頃以降は朝光寺原古墳群に首長権が移動したと考えました。

　このように稲荷前古墳群は、いろいろな墳形の古墳がそろうため、「古墳の博物館」とよばれています。稲荷前古墳群保存運動と行政努力によって、宅造計画は変更され、一九七〇年に県史跡に指定されました。

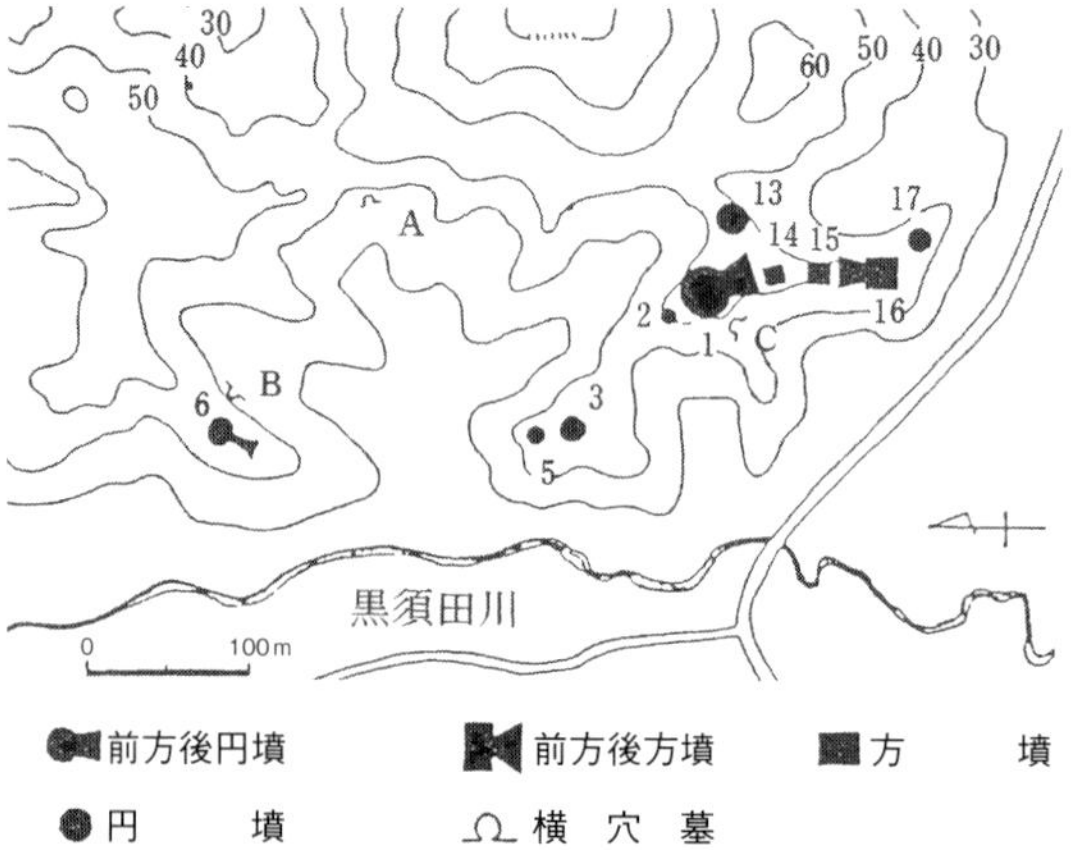

稲荷前古墳群分布図　多種類の墳形があることがわかります。

中期に、谷本川の流域、都筑地域を治める有力な首長や一族の墓です。ことに稲荷前一六号墳は、神奈川県内ではじめて発見された前方後方墳です。全長三八メートル、二つの方丘をつなぐ特異な形をしており、四世紀中葉です。埋葬施設は不明ですが、墳丘表面で祭祀に用いられた底部に穴のあいた壺形土器が出土しています。

芝生におおわれた墳丘を歩き、墳頂から鉄町《くろがねまち》・上谷本町に広がる谷本川（鶴見川）流域を見渡すと、そこに墓を築いた古墳時代の豪族の思いを実感することができるでしょう。

さて、稲荷前古墳群から北へ住宅地の中を歩き、第一公園をへて黒須田《くろすだ》の循環道路に出て、循環道路を東へあざみ野二小西交差点まですすみ、ここで左に曲がって大場町まで行きます。さらに満願寺《まんがんじ》まで北へすすみ左折して、荏子田《えこだ》一丁目の住宅地へ入ります。稲荷前から荏子田朝日公園まで約三キロあります。途中、大場町バス停でたまプラーザ駅行き東急バスに乗ることができれば、荏子田一丁目バス停で降りてください。そこから徒歩五分で、荏子田横穴墓群のある朝日公園です。

荏子田横穴墓群

横浜市青葉区荏子田一丁目七

map 9

荏子田横穴墓群は、荏子田一丁目朝日公園の南斜面にあります。

稲荷前16号墳墳丘から出土した底に穴のあいた壺形土器

1968年調査中の稲荷前1号墳 中央の1号墳は全長46mの前方後円墳で5世紀前半、後方の13号墳と前方のC横穴墓群は6世紀後半。

この横穴墓群は、「荏子田かんかん穴」ともよばれています。早淵川上流の標高四五メートルの元石川台地南側斜面に二基の横穴墓が並んでいます。昭和初期に高橋光蔵により家型彫刻をもつ横穴と紹介され、一九五六年に市ケ尾横穴墓群調査の折、和島誠一・佐藤善一らによって実測調査されました。

西側にある一号墓は、全長六メートル、玄室は長方形で、床は二段になっています。玄室の天井・奥壁・側壁には切妻造《きりづまづく》りの家形を模して、垂木《たるき》・棟木《むねぎ》・桁・柱・束柱《つかばしら》が浮彫りによってみごとに表現されています。床が二段になっているのは、家屋の板敷の床と土間を表現していると考えられています。横穴墓外部は泥岩岩盤を三メートル切り込んでいましたが、遺物は出土しませんでした。

市ケ尾横穴墓、大場横穴墓など近隣の横穴墓と関係する七世紀前半頃の都筑地域の有力者の墓と考えられています。町田市下三輪玉田谷戸横穴墓と共通する家形彫刻のある横穴墓は、たいへんめずらしいものです。

荏子田横穴墓群の見学を終え、荏子田一丁目バス停からあざみ野駅行き、または、たまプラーザ駅行きの東急バスに乗れば、東急田園都市線で帰ることができます。徒歩では、たまプラーザ駅まで二一分です。

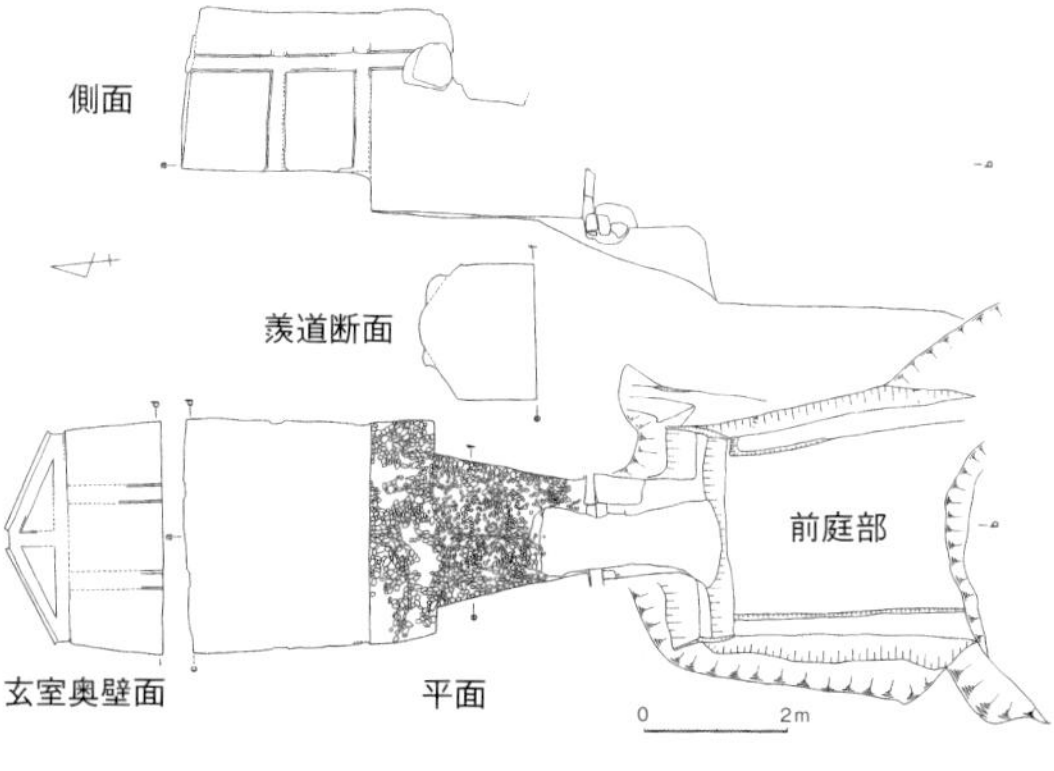

家形彫刻をもつ荏子田横穴墓図 泥岩を切りこんでつくられた切妻造りの家形の玄室が、死後の家をあらわしています。

荏子田横穴墓の現状 家形彫刻がある玄室の外側には前庭部があり説明板が立てられています。

Zoom Up

多摩の古墳

多摩川流域と鶴見川流域の多摩丘陵・多摩地域には、前方後円墳・前方後方墳・方墳・円墳・八角形墳・上円下方墳・横穴墓など、古墳時代の墳墓が約七〇〇基確認されています。

古墳時代前期（四世紀）には前方後方墳と前方後円墳が築造されました。

古墳時代中期（五世紀）になると帆立貝墳か円墳となり、規模はより小さくなります。

五世紀後半の朝光寺原1号墳では鉄製甲冑・鉄剣が副葬され、武人の首長が多摩・都筑に割拠していたことを示しています。

六世紀後半〜七世紀後半の古墳時代後期には各水系ごとに古墳群が継続して造営されています。古墳の形態には、A切石積み横穴式石室、B川原石積み横穴式石室、C横穴墓という三種の埋葬施設があります。これは首長・族長・家長の階層の違いを示していると考えられます。Aは、多摩の有力な首長が大和王権や渡来系氏族と密接な関係のもとに古墳を造営したと解されます。

そして七世紀後半の白鳳期には、多摩市落川一の宮遺跡の村落内寺院、川崎市影向寺寺院がつくられはじめます。東国に仏教が拡大するにつれ、高塚古墳や横穴墓は必要がなくなり古墳文化は終わります。

朝光寺原1号墳に副葬された鉄製甲冑
三角形の鉄板を鋲でとめた短甲（上半身の鎧）と庇のついた冑

おわりに

私が多摩地域の遺跡と歴史に関わるようになってからずいぶんたちました。

私は多摩川下流の目黒区自由が丘に生まれ、世田谷区で育ち、映画「月の輪古墳」を小学校でみたのがきっかけで、東京の武蔵野・多摩・川崎・横浜の遺跡を歩き、考古ボーイとして少年時代をすごしました。

考古学を志して早稲田大学で学び、滝口宏・西村正衛・桜井清彦先生のもとで、多摩・神奈川・千葉などの遺跡発掘に参加し、卒業後は横浜市埋蔵文化財調査団で大塚・歳勝土遺跡の発掘に関わりました。その後、世田谷区立郷土資料館・遺跡調査会で文化財行政を担当するかたわら、早稲田大学大学院を修了し、多摩川流域の遺跡・古墳のフィールドワークを重ね、一九八四年には、東京の遺跡・考古学のガイドブック『遺跡が語る東京の三万年①　先土器・縄文』『遺跡が語る東京の三万年②　弥生・古墳』（柏書房）の執筆・編集をしてまとめました。

一九八五年からは、甲府市の山梨学院大学に移り、『山梨県史』や水晶考古学の研究に携わっています。住まいは高尾山麓で、多摩と山梨はふるさとです。フィールド地域は広がりましたが、「国民のための考古学」、グローバルに考え地域に根ざして行動する「フィールド・ヒストリアン」を信条としています。

本書は、三年かけて多摩丘陵の遺跡や古墳、博物館などを歩き、まとめたものです。

時間をやりくりしながら各コースを三回以上は歩いたことになります。コースのうちには「伊奈石の会」「永山北部丘陵の自然を守る会」「文化財保存全国協議会」「国史跡八王子城とオオタカを守る会」など、私が所属している民間団体で歩いた遺跡見学会・巡検調査の成果も含んでいます。また『武蔵野の遺跡を歩く』の著者、勅使河原彰（文化財保存全国協議会常任委員）さん、新泉社編集部の竹内将彦さんの協力でまとめることができました。

そうした中で、あらためて知った遺跡もたくさんありました。「はじめに」でも書きましたが、多摩地域は都市化が非常に進んだとはいえ、市民と地方自治体職員の努力によって、まだまだたくさんの遺跡や自然が残されています。紹介したコースのどれでもけっこうですから、身近な多摩の歴史遺産にぜひふれてみてください。

最後になりましたが、各地方自治体の市町村史・文化財報告書・遺跡地図・ホームページを参考にしたところは多く、写真・図の掲載については各市の文化財保護行政担当者・発掘調査機関にたいへんお世話になりました。次の文化財関係者の皆様に厚く感謝します（敬称略）。

甘粕健、伊奈石の会、内山孝男、国史跡八王子城とオオタカを守る会、椚國男、坂本彰、佐々木蔵之介、竹尾進、玉川文化財研究所、多摩考古学研究会、東京都埋蔵文化財センター、中村清作、永山北部丘陵の自然を守る会、文化財保存全国協議会、松浦宥一郎、横浜市埋蔵文化財センター、和木宏

十菱駿武

写真所蔵提供

p.19・口絵	寺改戸遺跡周石墓副葬の注口土器と鉢形土器：青梅市教育委員会
p.20・カバー・口絵	喜代沢遺跡出土の耳飾を付けた土偶：青梅市教育委員会
p.20	喜代沢遺跡出土の石製垂飾と土製耳飾：青梅市教育委員会
p.20	駒木野遺跡出土の勝坂式土器：青梅市教育委員会
p.21	旧宮崎家住宅：青梅市教育委員会
p.23	下野原遺跡出土の蛇蛙把手深鉢：奥多摩町教育委員会
p.26	塩野半十郎：椚國男
p.26	草花遺跡の縄文中期の竪穴住居址：あきる野市教育委員会
p.27	羽ヶ田遺跡の敷石住居址：あきる野市教育委員会
p.31・口絵	西秋留清水石器時代住居跡の標柱：あきる野市教育委員会
p.32	前田耕地遺跡の敷石住居址：あきる野市教育委員会
p.32	シロザケの歯、木葉形の石槍：東京都教育委員会
p.37	網代城山：中村清作
p.38	大悲願寺の伝阿弥陀如来三尊坐像：あきる野市教育委員会（大悲願寺所蔵）
p.39	伊奈石板碑：中村清作
p.42	伊奈石の会の石造物調査、石山池の矢穴石：内山孝男
p.43	五日市高校内遺跡の耳飾：あきる野市教育委員会（五日市高校所蔵）
p.43	五日市高校内遺跡の土偶：あきる野市教育委員会（五日市高校所蔵）
p.50	宇津木向原遺跡の方形周溝墓の調査：椚國男
p.55	中原遺跡出土の顔面把手付土器：八王子市郷土資料館
p.55・カバー・口絵	宮田遺跡出土の子抱き土偶：八王子市郷土資料館
p.56・カバー・口絵	楢原遺跡出土の土偶土鈴：八王子市郷土資料館
p.56	中田遺跡の全景：八王子市郷土資料館
p.64・口絵	ベネチア産のレースガラス器：八王子市郷土資料館
p.64・カバー・口絵	中国製の五彩皿・瑠璃釉碗：八王子市郷土資料館
p.65	日本百名城選定を祝う国史跡八王子城とオオタカを守る会：椚國男
p.66	御主殿の遺構：八王子市郷土資料館
p.72	椚田遺跡の縄文中期遺構：八王子市郷土資料館
p.73	椚田遺跡出土の縄文土器：八王子市郷土資料館
p.81	田端遺跡全景：町田市教育委員会
p.82	田端遺跡の出土遺物　ヒスイの勾玉と玉：町田市教育委員会
p.82	土版・土偶・釣手土器の破片：町田市教育委員会
p.83	田端遺跡から見た冬至の日没景観：町田市教育委員会
p.91	百草八幡神社本地仏・金銅阿弥陀如来坐像：百草八幡神社所蔵 （大正大学副島研究室撮影・日野市郷土資料館提供）
p.97	落川遺跡公園：東京都教育委員会
p.97	落川遺跡出土の７世紀後半の土器：東京都教育委員会
p.103	多摩ニュータウンNo.72遺跡の発掘風景：東京都埋蔵文化財センター
p.110	平尾台原遺跡の縄文後期・弥生土器：稲城市教育委員会
p.112	平尾十三塚：東京都教育委員会
p.135	白坂横穴墓内部：町田市教育委員会
p.148	「品」の字に配置された倉庫群の柱穴跡：川崎市教育委員会
p.148	同上現地説明会：川崎市教育委員会
p.149	影向寺遺跡出土の「都」と線刻された文字瓦：川崎市市民ミュージアム
p.151・口絵	西福寺古墳から出土した鶏の埴輪、円筒埴輪片：川崎市市民ミュージアム
p.154	下原遺跡２号住居址：川崎市市民ミュージアム
p.155	下原遺跡２号住居址出土の土器：横浜市歴史博物館（川崎市民ミュージアム所蔵）
p.159	発掘当時の大塚遺跡の全景：横浜市ふるさと歴史財団埋蔵文化財センター

p.159　発掘当時の歳勝土遺跡の全景：横浜市ふるさと歴史財団埋蔵文化財センター
p.163　矢崎山遺跡の竈をもつ竪穴住城址：横浜市ふるさと歴史財団埋蔵文化財センター
p.163　矢崎山遺跡出土の石製模造品・子持勾玉・臼玉・管玉：横浜市歴史博物館
p.167　1968年調査中の稲荷前1号墳：甘粕健　1982「市ヶ尾古墳群の発掘」『横浜市史　資料編21』横浜市
p.167　稲荷前16号墳墳丘出土の壺形土器：横浜市ふるさと歴史財団埋蔵文化財センター
p.169・カバー・口絵　朝光寺原１号墳に副葬された鉄製甲冑：横浜市歴史博物館
＊１～10章扉地図　東京デジタルマップ
11・12章扉地図　川崎市都市計画図、横浜市都市計画図

図版出典（一部改変）

p.12　勝沼城跡全体図：青梅市教育委員会　1990『資料　青梅市の中世城館跡』
p.16　永山北部丘陵「青梅の森」：青梅市教育委員会　2000『平成11年度青梅市埋蔵文化財調査概要』
p.19　寺改戸遺跡の周石墓：久保田正寿　1977『青梅市の埋蔵遺跡』青梅市教育委員会
p.28　瀬戸岡古墳群の分布図：多摩地区所在古墳確認調査団　1995『多摩地区所在古墳確認調査報告書』東京都教育委員会
p.29　瀬戸岡古墳群の石室：同上
p.31　西秋留清水遺跡の敷石住居址：後藤守一　1933『府下に於ける石器時代住居阯発掘調査』東京府史蹟保存物調査報告書第10冊　東京府
p.41　伊奈石石切場跡の分布：伊奈石研究会　1996『伊奈石』
p.49　北大谷古墳の石室図：佐々木蔵之介　1967『八王子市史　下』八王子市
p.50　宇津木台遺跡群の小宮古墳：八王子市宇津木台地区遺跡調査会　1982『宇津木台遺跡群Ⅰ』
p.53　滝山城跡縄張り図：村田修三　1987『図説　中世城郭事典（1)』新人物往来社（八巻孝夫：図）
p.61　浄福寺城跡全体図：武蔵文化財研究所　2006『東京都の中世城館　主要城館編』東京都教育委員会
p.67　八王子城跡縄張り図：村田修三　1987『図説　中世城郭事典（1)』新人物往来社（八巻孝夫：図）
p.73　神谷原遺跡の方形周溝墓：椚田遺跡調査会　1981『神谷原Ⅰ』八王子市教育委員会
p.74　郷田原遺跡の大型住居址：戸田哲也・吉田浩明　1996『郷田原遺跡』南八王子地区遺跡調査報告10
p.76　片倉城跡縄張り図：武蔵文化財研究所　2006『東京都の中世城館　主要城館編』東京都教育委員会
p.82　田端遺跡環状積石遺構と集落：貴志高陽　2003『田端遺跡』町田市教育委員会
p.87　七ツ塚古墳群の分布図：篠崎譲治　2004「七ツ塚古墳群の位置と現状」『七ツ塚遺跡14』
p.87　女子埴輪：日野市史編さん委員会　1979『日野市史史料集　考古資料編』日野市
p.88　坂西横穴墓群と１号墓実測図：久保常晴　1976『日野市坂西横穴墓』日野市教育委員会
p.92　万蔵院台２号古墳の石室図：日野市史編さん委員会　1979『日野市史史料集　考古資料編』日野市
p.93　中和田横穴墓群の全体図：池上悟　2006「多摩川流域の古墳」『東京の古墳を考える』雄山閣
p.93　塚原古墳群：多摩地区古墳調査団　1995『多摩地区所在古墳確認調査報告書』東京都教育委員会
p.94　稲荷塚古墳の石室図：多摩市遺跡調査会　1996『東京都指定史跡稲荷塚古墳』多摩市埋蔵文化財調査報告39　多摩市教育委員会
p.95　稲荷塚古墳の復元想定図：同上
p.96　和田・百草遺跡群６号住居址：多摩市史編纂委員会　2005『多摩市史　資料編１（考古・古代・中世)』多摩市
p.96　和田・百草遺跡出土の古墳時代前期の土器：同上
p.104　来迎画像板碑・念仏供養板碑：多摩市史編集委員会　2005『多摩市の板碑』多摩市史叢書12　多摩市

p.107　黒川の炭焼き窯の分布図：はるひ野開発と地域の記録編集委員会　2006『くろかわ』
p.107　市川祐家の炭焼き窯の実測図：村田文夫・新井清　1993「多摩丘陵産・黒川炭の歴史と民族誌」『川崎市市民ミュージアム紀要　第６集』
p.109　平尾遺跡６号住居址と加曽利B式土器・土偶：安孫子昭二　1971『平尾遺跡調査報告書（1)』平尾遺跡調査会
p.113　稲城市南山東部の遺跡分布：稲城市教育委員会　2007「南山東部埋蔵文化財見学会資料」
p.117　本町田A地点遺跡の集落跡と土器：久保常晴　1969『本町田』ニューサイエンス社
p.122　小野路城跡全体図：武蔵文化財研究所　2006『東京都の中世城館　主要城館編』東京都教育委員会
p.123　図師小野路歴史環境保全地域図：東京都環境局　2005「図師小野路歴史環境保全地域図」
p.131　三輪南遺跡の瓦窯址実測図と瓦：三輪南地区遺跡群調査団　1989『三輪南遺跡群発掘調査報告書』三輪南地区遺跡群調査会
p.132　岡上廃寺・岡上No.4遺跡の奈良・平安時代建物：玉川文化財研究所　2000『岡上No.4遺跡第２地点調査報告書』
p.133　岡上No.4遺跡の住居址から出土した墨書土師器：同上
p.134　沢山城跡縄張り図：武蔵文化財研究所　2006『東京都の中世城館　主要城館編』東京都教育委員会
p.136　西谷戸横穴墓群の実測図：町田市立博物館　1979『町田の古墳文化展』
p.141　高ヶ坂八幡平遺跡の敷石住居址図：浅川利一　1984『町田市史　上巻』町田市
p.145　子母口貝塚の全体図：渡辺誠　1969「川崎市子母口A貝塚発掘調査報告」『川崎市文化財調査集録　４集』川崎市
p.146　多摩川・鶴見川下流域の縄文時代の貝塚分布：村田文夫　1993『川崎市史　通史編１』川崎市
p.150　影向寺の遺構全体図：川崎市市民ミュージアム　2003『企画展　古代を考えるⅠ　郡の役所と寺院』
p.152　馬絹古墳の石室図：川崎市史編さん委員会　1988『川崎市史　資料編１』川崎市
p.154　東高根遺跡でみつかった竪穴住居址の分布：小坂延仁　2006「川崎市市民ミュージアム所蔵の東高根遺跡発掘調査資料について」『川崎市市民ミュージアム紀要　第18集』
p.158　茅ヶ崎城跡全体図：坂本彰　2000『茅ヶ崎城Ⅲ』横浜市ふるさと歴史財団
p.161　港北ニュータウンの遺跡分布図：横浜市埋蔵文化財調査団　1986『古代のよこはま』横浜市教育委員会
p.165　市ヶ尾横穴墓群の全体図：鈴木重信　1999『かながわ遺跡めぐり』多摩川新聞社
p.166　稲荷前古墳群分布図：横浜市埋蔵文化財調査団　1986『古代のよこはま』横浜市教育委員会
p.168　家形彫刻をもつ荏子田横穴墓図：甘粕健・佐藤善一　1982「市ヶ尾古墳群の発掘」『横浜市史　資料編21』横浜市

索　引

●遺　跡

●博物館・美術館・歴史的建造物

●自然と公園

●寺社・碑・塔など

関連歴史系博物館・教育委員会リスト

［東京都］

東京都教育庁地域教育支援部管理課埋蔵文化財係
　〒163-8001　新宿区西新宿2-8-1　℡ 03（5320）6863
東京都埋蔵文化財センター
　〒206-0033　多摩市落合1-14-2　℡ 042（373）5296
八王子市教育委員会生涯学習スポーツ部文化財課
　〒192-8501　八王子市元本郷町3-24-1　℡ 042（620）7265
八王子市郷土資料館
　〒192-0902　八王子市上野町33　℡ 042（622）8939
絹の道資料館
　〒192-0375　八王子市鑓水989-2　℡ 042（676）4064
青梅市教育委員会
　〒198-8701　青梅市東青梅1-11-1　℡ 0428（22）1111
青梅市郷土博物館
　〒198-0053　青梅市駒木町1-684　℡ 0428（23）6859
町田市教育委員会生涯学習部生涯学習課文化財係
　〒194-0022　町田市森野1-33-10　℡ 042（724）2554
町田市立博物館
　〒194-0032　町田市本町田3562　℡ 042（726）1531
町田市考古資料室
　〒194-0202　町田市下小山田町4016　℡ 042（797）9661
小島資料館＊
　〒195-0064　町田市小野路町950　℡ 042（736）8777
町田市自由民権資料館
　〒195-0063　町田市野津田町897　℡ 042（734）4508
町田市ふるさと農具館＊
　〒195-0063　町田市野津田町2288　℡ 042（736）8380
玉川大学教育博物館
　〒194-8610　町田市玉川学園6-1-1　℡ 042（739）8656
日野市教育委員会文化スポーツ課文化財係
　〒191-0016　日野市神明1-12-1　℡ 042（585）1111
日野市立新選組のふるさと歴史館
　〒191-0016　日野市神明4-16-1　℡ 042（583）5100
日野市郷土資料館
　〒191-0042　日野市程久保550　℡ 042（592）0981
多摩市教育委員会教育振興課総務文化財担当
　〒206-8666　多摩市関戸6-12-1　℡ 042（375）8111
パルテノン多摩歴史ミュージアム
　〒206-0033　多摩市落合2-35　℡ 042（375）1414
多摩市文化財資料展示室
　〒206-0025　多摩市永山4-9　南永山社会教育施設　℡ 042（376）8111
稲城市教育委員会生涯学習課
　〒206-8601　稲城市東長沼2111　℡ 042（378）2111
稲城市郷土資料室
　〒206-0823　稲城市平尾1-9-1　ふれんど平尾2階　℡ 042（378）2111
あきる野市教育委員会社会教育課文化財係
　〒197-0814　あきる野市二宮350　℡ 042（558）1111

あきる野市二宮考古館
〒197-0814　あきる野市二宮1151　TEL 042（559）8400
あきる野市五日市郷土館
〒190-0164　あきる野市五日市920-1　TEL 042（596）4069
日の出町教育委員会社会教育課文化財係
〒190-0192　西多摩郡日の出町平井2780　TEL 042（597）6539
檜原村教育委員会教育課社会教育係
〒190-0212　西多摩郡檜原村467-1　TEL 042（598）1011
檜原村郷土資料館
〒190-0211　西多摩郡檜原村3221　TEL 042（598）0880
奥多摩町教育委員会
〒198-0212　西多摩郡奥多摩町氷川215-6　TEL 0428（83）2246
奥多摩水と緑のふれあい館
〒198-0223　西多摩郡奥多摩町原5番地　TEL 0428（86）2731
福生市郷土資料室＊
〒197-0003　福生市熊川850-1　TEL 042（530）1130
羽村市郷土博物館＊
〒205-0012　羽村市羽741　中央図書館　TEL 042（558）2561
瑞穂町郷土資料館＊
〒190-1211　西多摩郡瑞穂町石畑1962　TEL 042（557）5614
たましん歴史・美術館＊
〒186-8686　国立市中1-9-52　TEL 042（574）1360

[神奈川県]
神奈川県立歴史博物館＊
〒231-0006　横浜市中区南仲通5-60　TEL 045（201）0926
横浜市教育委員会生涯学習部文化財課
〒231-0017　横浜市中区港町1-1　TEL 045（671）3279
神奈川県埋蔵文化財センター
〒232-0033　横浜市南区中村町3-191-1　TEL 045（252）8661
寺家ふるさと村四季の家
〒227-0031　横浜市青葉区寺家町414　TEL 045（962）7414
横浜市歴史博物館
〒224-0003　横浜市都筑区中川中央1-18-1　TEL 045（912）7777
横浜市埋蔵文化財センター
〒224-0034　横浜市都筑区勝田町760　TEL 045（593）2406
川崎市教育委員会文化財課
〒210-0004　川崎市川崎区宮本町6番地　TEL 044（200）3305
川崎市市民ミュージアム
〒211-0052　川崎市中原区等々力1-2　TEL 044（754）4500
川崎市平和館＊
〒211-0021　川崎市中原区木月住吉町33-1　TEL 044（433）0171
川崎市立日本民家園
〒214-0032　川崎市多摩区枡形7-1-1　TEL 044（922）2181
細山郷土資料館＊
〒215-0001　川崎市麻生区細山3-10-10　TEL 044（954）3933
川崎考古学研究所＊
〒216-0003　川崎市宮前区有馬9-5-18　TEL 044（854）7621

（＊印の博物館等は本文に紹介してありませんが多摩の歴史遺産探訪に関連する館です）

参考文献

みどりのゆび　2009『まちだフットパスガイドマップ』NPO法人みどりのゆび

PMAトライアングル　2009『多摩　歴史と文化の散歩道』TOKIMEKIパブリッシング

学術・文化・産業ネットワーク多摩　2008『多摩・武蔵野検定公式テキスト』ダイヤモンド社

峰岸純夫　2007『図説　八王子・日野の歴史』郷土出版社

中田正光　2007『よみがえる滝山城』揺籃社

文化財保存全国協議会　2006『新版　遺跡保存の事典』平凡社

品川歴史館　2006『東京の古墳を考える』雄山閣

川崎市市民ミュージアム　2006『弥生・古墳・飛鳥を考える展』川崎市市民ミュージアム

八王子市教育委員会　2006『歴史と浪漫の散歩道〔改訂3版〕八王子市文化財ガイドブック』八王子市教育委員会

東京都歴史教育研究会　2005『東京都の歴史散歩　下　多摩・島嶼』山川出版社

神奈川県高校社会科部会　2005『神奈川県の歴史散歩　上　川崎・横浜・北相模・三浦半島』山川出版社

坂本彰　2005『鶴見川流域の考古学』百水社

町田市立博物館　2005『発掘された町田の遺跡』

東京都教育庁生涯学習スポーツ部計画課　2004『新　東京の遺跡散歩』東京都教育委員会

仙田直人　2004『東京　多摩散歩25コース』山川出版社

横浜市教育委員会　2004『横浜市文化財地図』横浜市教育委員会

新井勝紘・松本三喜夫　2003『多摩と甲州道中』街道の日本史18　吉川弘文館

町田の歴史をたどる編集委員会　2002『町田の歴史をたどる〔増補版〕』町田市教育委員会

勅使河原彰・保江　2002『武蔵野の遺跡を歩く　郊外編』新泉社

勅使河原彰・保江　2002『武蔵野の遺跡を歩く　都心編』新泉社

小林達雄編　2002『縄文ランドスケープ』有朋書院

川崎市教育委員会　2002『川崎の遺跡』川崎市教育委員会

峰岸純夫・椚國男・近藤創　2001『八王子城　みる・きく・あるく〔改訂新版〕』揺籃社

宮田太郎　2001『鎌倉街道伝説』ネット武蔵野

池上真由美・清水克悦・津波克明　1999『多摩の街道　下　鎌倉街道・町田街道・五日市街道ほか』けやき出版

多摩市史編集委員会　1997『多摩市史　通史編１』多摩市

竹内誠・古泉弘　1997『東京都の歴史』新版県史　山川出版社

東京都教育委員会　1996『東京都遺跡地図』東京都教育委員会

峰岸純夫・木村茂光　1996『史料と遺跡が語る中世の東京』新日本出版社

青梅市史編さん委員会　1995『増補改訂　青梅市史』青梅市

多摩市史編集委員会　1995『多摩市史　資料編１』多摩市
多摩地区所在古墳確認調査団　1995『多摩地区所在古墳確認調査報告書』東京都教育委員会
町田市立博物館　1994『町田の文化財』町田市立博物館図録第86集
けやき出版　1994『多摩あるくマップ』けやき出版
青梅市教育委員会　1994『青梅を歩く本』青梅市教育委員会
多摩百年史研究委員会　1993『多摩百年のあゆみ」けやき出版
ときめき調査隊　1993『武蔵野ときめきWALK３　多摩西部編』のんぶる舎
ときめき調査隊　1993『武蔵野ときめきWALK２　多摩南部編』のんぶる舎
川崎市史編さん委員会　1993『川崎市史　通史編１』川崎市
日の出町史編さん委員会　1992『日の出町史　通史編』日の出町
稲城市史編集委員会　1991『稲城市史　上·下』稲城市
青梅市教育委員会　1990『資料　青梅市の中世城館跡』青梅市教育委員会
横浜市歴史博物館　1990『大塚・歳勝土遺跡』横浜市歴史博物館
日の出町史編さん委員会　1989『日の出町史　文化財編』日の出町
八王子市教育委員会　1989『八王子市遺跡地図』八王子市教育委員会
川崎市史編さん委員会　1988『川崎市史　資料編１　考古文献美術工芸』川崎市
横浜市港北ニュータウン埋蔵文化財調査団　1986『古代のよこはま』横浜市教育委員会
貫達人　1986『図説　神奈川県の歴史　上　原始・古代・中世・近世』有隣堂
田中祥彦　1985『多摩丘陵の古城址』有峰書店新社
奥多摩町誌編纂委員会　1985『奥多摩町誌　上·下』奥多摩町
町田市史編纂委員会　1984『町田市史　上巻』町田市役所
戸沢充則・十菱駿武・野村正太郎　1984『遺跡が語る東京の３万年①　先土器・縄文』柏書房
戸沢充則・古山学・今井堯　1984『遺跡が語る東京の３万年②　弥生・古墳』柏書房
秋川市史編纂委員会　1983『秋川市史　通史編』秋川市
阿部正道　1983『鎌倉街道　東京編』そしえて
永峯光一・坂詰秀一　1982『江戸以前〔続〕』東京新聞出版局
永峯光一・坂詰秀一　1981『江戸以前―埋もれた東京を掘る』東京新聞出版局
神奈川県史編集室　1981『神奈川県史　通史編１　原始・古代・中世』神奈川県
檜原村史編さん委員会　1981『檜原村史』檜原村
日野市史編さん委員会　1979『日野市史史料集　考古資料編』日野市
五日市町史編纂委員会　1976『五日市町史』五日市町
八王子市史編纂委員会　1976『八王子市史　下』八王子市
塩野半十郎　1970『多摩を掘る』武蔵書房

著者紹介

十菱駿武（じゅうびし・しゅんぶ）

1945年、東京都生まれ。八王子市在住。

山梨学院大学教授、新潟大学講師、文化財保存全国協議会代表委員。

主な著作　『遺跡が語る東京の三万年①　先土器・縄文』（編著、柏書房、1984年）、『しらべる戦争遺跡の事典』（編著、柏書房、2001年）、「多摩の古墳の分布と変遷」『古代探叢Ⅱ』（早稲田大学、1985年）、「縄文時代の多摩川地域文化」『21世紀への考古学』（雄山閣、1993年）ほか多数。

多摩の歴史遺産を歩く——遺跡・古墳・城跡探訪

2009年7月 1日　第1版第1刷発行

著　者＝十菱駿武

発行者＝株式会社 新 泉 社
東京都文京区本郷2-5-12
振替・00170-4-160936番　TEL03(3815)1662／FAX03(3815)1422
印刷／萩原印刷　製本／榎本製本

ISBN978-4-7877-0707-9　C1021

勅使河原彰・保江 共著

武蔵野の遺跡を歩く

都心編 ISBN978-4-7877-0215-9 郊外編 0208-1

遺跡や博物館を見学しながら散策する日曜考古学散歩ガイドブック。武蔵野に生まれ育ち、自然環境保護に携わる著者が詳細な地図と豊富な写真で身近な遺跡を紹介。江戸城・飛鳥山・谷中・深大寺・武蔵国分寺ほか。

A5判／188・180頁／各1800円＋税

追川吉生 著

江戸城・大名屋敷

江戸のなりたち［1］

ISBN978-4-7877-0618-8

地下に眠る江戸の痕跡から、江戸という都市のなりたちを探訪する。発掘でわかった本当の江戸の姿を多数のカラー写真・図版で紹介。〔目次〕Ⅰ江戸城探訪 Ⅱ外堀探訪 Ⅲ大名屋敷探訪 Ⅳ大名庭園探訪

A5判／192頁／1800円＋税

追川吉生 著

武家屋敷・町屋

江戸のなりたち［2］

ISBN978-4-7877-0713-0

都心の再開発をきっかけにスタートした江戸考古学。各区で実施された発掘成果をもとに、武家屋敷や町屋を探訪する。〔目次〕Ⅰ旗本・御家人屋敷探訪 Ⅱ町屋探訪 Ⅲ江戸のこころ探訪 Ⅳ江戸の郊外探訪

A5判／168頁／1800円＋税

追川吉生 著

江戸のライフライン

江戸のなりたち［3］

ISBN978-4-7877-0801-4

100万人が暮らした都市・江戸も都市基盤がしっかりしていなければ砂上の楼閣だ。江戸のライフラインと災害を発掘現場から探訪。〔目次〕Ⅰ上水探訪 Ⅱ下水・トイレ探訪 Ⅲ火事・地震探訪 Ⅳ江戸の終わり探訪

A5判／168頁／1800円＋税

追川吉生 著

江戸のミクロコスモス・加賀藩江戸屋敷

シリーズ「遺跡を学ぶ」011

ISBN978-4-7877-0531-0

東京大学・本郷キャンパスは戦火をまぬがれ、その後急激な再開発がおこなわれなかったため、江戸時代の遺構が良好な状態でのこされていた。数千人が暮らしていた「江戸の小宇宙」の姿を明らかにする。

A5判／96頁／1500円＋税

加藤 緑 著

日本考古学の原点・大森貝塚

シリーズ「遺跡を学ぶ」031

ISBN978-4-7877-0731-4

いまから130年前の明治10年6月、来日すぐのモースが大森停車場をすぎたところで線路際に露出した貝塚を発見した。こうして始まる日本最初の考古学的発掘とその報告書の内容・特徴をわかりやすく解説する。

A5判／96頁／1500円＋税

石川日出志 著

「弥生時代」の発見・弥生町遺跡

シリーズ「遺跡を学ぶ」050

ISBN978-4-7877-0840-3

明治17年の3月、東京大学の裏手、向ヶ岡弥生町で出土したひとつの壺から「弥生時代」という名前が誕生する。弥生式土器と弥生時代の解明に打ち込んだ先人たちの道のりと、弥生町遺跡の実態を解説する。

A5判／96頁／1500円＋税

谷口 榮 著

東京下町に眠る戦国の城・葛西城

シリーズ「遺跡を学ぶ」057

ISBN978-4-7877-0937-0

東京の下町、葛飾区青戸にかつて戦国の城があった。北条氏が攻略し、上杉謙信の侵攻、北条の再奪取、秀吉の小田原征伐による落城と幾多の攻防がくり広げられ、関東の戦乱の最前線となった城の実態にせまる。

A5判／96頁／1500円＋税

戸沢充則 著

語りかける縄文人

ISBN978-4-7877-0709-3

太古の歴史と考古学はいま大きな曲がり角に来ている。縄文文化が喧伝される一方で教科書から縄文時代が消えている。この状況を“縄文人は怒ってる”として、縄文文化の意味を問い直した近年の講演11本を収録。

A5判／224頁／1800円＋税

戸沢充則 編

月見野の発掘

先土器時代研究の転換点

ISBN978-4-7877-0904-2

発掘調査から40周年を迎える神奈川県の月見野遺跡群。当時少部数印刷された幻の速報「概報・月見野遺跡群」を冒頭に、月見野遺跡群と出土遺物のカラー写真、その成果をもとにした研究論文群を一冊にまとめる。

B5判上製／224頁／5000円＋税